我城故事：大稻埕街區生活書寫

殷寶寧　著

目錄

第三章　從家庭到城市：大稻埕中的女性

第四章　走向城市的女性樣貌

第五章　大稻埕「文創聚落」：飲食文化、美食地景與文創轉向？

第六章　兩座博物館：大稻埕

第七章　尾韻

推薦序（按姓氏筆畫）

從《情欲・國族・後殖民：誰的中山北路？》、《淡水文化地景重構與博物館的誕生》，到《我城故事》的大稻埕，殷寶寧教授兼顧思辨與情感的筆觸，再度引領我們細察街區的紋理，傾聽記憶的跫音，尋索芸芸眾生的安居城市。

王志弘（臺灣大學建築與城鄉研究所教授）

本書是作者自我觀察及思考探尋，有其細膩，有其見解，提出了自我獨有的取徑，邀大眾一起閱讀大稻埕街區的人事物。令人回想起過往三十四年歲月，保存途中是大家共同攜手促成，林衡道老師上街導覽分享、文建會郭為藩主委第一個以文化單位主管表態支持，才有後續重新研究規劃大稻埕街區未來的可能性、多位媒體人接力報導及在地居民願意站出來支持等等。後有幸經營大稻埕故事工坊時，始終希望大家以在地為師、居民為本，故事由地方而生，因大家而不凡。知道城市過往，再走的下一步才能穩當。本書給讀者一把鑰匙，邀請大家一起思考與討論，大稻埕改變仍在進行中，需大家重新思考現在及未來。在各種擺盪及平衡中，找到屬於這塊土地的原味。

丘如華（台灣歷史資源經理學會秘書長／
「我愛迪化街」運動發起人）

寶寧帶著我們從盛華到幽蔽、從凋零到煥容的大稻埕史中，窺見了台灣女性們掙扎著走出方井之地的痕跡，並述說了如今所見的大稻埕是多麼得來不易，在文化與開發之間，如寶寧說的，我們需要歷史的根與美。

李衣雲（政治大學臺灣史研究所副教授）

熱絡的街區不只為了觀光消費，更是工作生產與生活棲息之所在。寶寧扎實而有趣的研究，豐富了我們在此扎根的想像。

李明璁（社會學者／大稻埕「探照文化」創辦人）

這是一本以大稻埕近世代演變為本，針對其城市發展與文化治理的分合關係，做出細膩描繪分析的迷人書籍。作者以理性感性均具的書寫，款款吐露出一個專業者對於我城的愛與關懷，讓人感動也佩服！

阮慶岳（建築師／小說家）

1875 年，淮軍來台灣打原住民，獅頭社之役，開山撫番第一仗，淮軍灰頭土臉而去。2021 年，淮軍後裔在台灣的小姑娘，寫大稻埕發展史，文藝復興又一書，寶寧教授開心出版新作。這就是台灣的族群融合。

陳耀昌（醫師／作家）

一座城市，孕育影響在這裡生活的每一代人，而每一代人也以他們的生命故事重新定義這座城市，進而定義自己的未來。閱讀本書，重新思維大稻埕的身世與紋理，可以重建城市的當代視野，讓我們有更寬廣的文化視野展望城市的未來，繼續書寫台北的我城故事。

鄭麗君（前文化部長）

序一漫遊即書寫：感恩擁有城市中行走的自由

　　我一直感恩自己從小到大有很多幸運。其中一個是，從很小年紀開始，我的父母就讓我擁有在都市間行走的自由。幼稚園時，曾自己搭巴士去找家人（別懷疑，那時候還有車掌小姐，票很小一張，淡藍色的。我還記得是 44 路公車，現在應該是 208 吧）。小學四年級，一個人在西門町看晚場電影，搭將收班的 220 巴士回家。當高中同學說，連去巷口文具店買筆記本，她爸爸都不准時，我無法理解。

　　碩士班時，讀到 Janet Wolff 批評 Flâneur 漫遊巴黎街頭的恣意，享受資本主義世界匿名性帶來的高度自由是虛假的。因為，無法讓女性漫遊者 (Flâneuse) 安全悠遊其間的城市空間，「自由」都是虛妄。後來，又讀到 Elizabeth Wilson 回想她的小時候，跟媽媽一起，絕望地等著似乎永遠也不會來的公車，原本滿心期待母親帶她去動物園的歡樂，似乎敵不過這個世界對女性的不友善，以及幸福不斷地、無限地向後遞延，終至消散。這些場景，讓我好有感。也讓我想到，我企圖描繪的大稻埕及迪化街城市空間與社會生活場景；和在這裡人們的歷史記憶，過去與未來。

　　女性身影和這裡緊密相連。想想因茶葉致富、將台灣送上世界舞台的茶葉貿易。鼎盛時期，兩萬名揀茶女在亭仔腳、店鋪內外

工作，何等壯觀的場面。在永樂座一唱就停不下來的顧劇團，顧正秋與京劇的故事在此被傳頌開來；丘如華老師昔日領軍樂山基金會，力抗恐遭拓寬拆除的迪化街，迄今超過三十年，讓我們今日還能看到美麗的連續性街道與建築立面，而丘老師為台灣文化資產與社區營造培育生力軍無數，仍持續戰鬥力滿滿。慈聖宮媽祖信仰的母性溫暖，霞海城隍廟在風水上被稱為雞母穴的傳說，當然還有長年主管繁重寺務的陳文文大姐。2016 年，陳國慈女士領軍的團隊，佈置籌設了溫暖的「迪化 207 博物館」；而陪伴慰安婦超過四分之一世紀的婦援會，也在這裡悄悄地開張「阿嬤家—和平與女性人權館」。昔日風華的江山樓，訴說商賈豪氣，但別忘了在此的藝旦，如何因家貧被賣，從小開始習琴賣藝求生。曾經的公娼館，後來成為訴求性工作者人權的基地。再次地，女性生命史和城市空間如此緊密地，相互訴說。

　　這本書的難產過程，正好見證了阿嬤家從閉館到另覓新家，離開迪化街原址。所幸女性強韌的生命力，讓阿嬤家即將再次重現。而長期以生命陪伴大稻埕與迪化街區店屋歷史風霜的丘如華女士，以長期推動臺日文化與社區發展交流的付出，於 2020 年獲日本政府頒發「旭日單光章」。獲頒這個獎章的臺灣人從 1900 年迄今僅三位。分別是 1900 年的辜顯榮，2010 年的排灣族雕刻師陳俄安，而 2020 年的丘如華老師為其中唯一女性。書中許多記敘的故事，或許已經因為寫作時間落差而走入歷史。正如這裡因為承載太多

故事讓城市豐富，生命不斷變異，慶幸我擁有這幸運，可以持續地、以性別視角，觀察這個城市裡上映的種種精彩，與生命故事，並持續擁有訴說的權力／利與祝福，期待妳也來訴說妳的城市生命與故事。

孫仁鍵　繪
2002. 5. 5 台北大稻埕

第一章

重新述說我城故事

一、我是大稻埕人？

臺北的大稻埕為近年來備受關注的熱門場域。不過，「大稻埕」這三個字在不同的時空條件下，具體指涉的地理區域為何？在這個尋覓與重新找尋各方定義與見解時，我意外地醒覺，我的學區裡，過去念了六年的小學，學校舊名為「大稻埕第二公學校」。那麼，我應該也算是大稻埕人？這個發現讓我開心極了。除了是意外地發現，自己好像跟這個時髦的地點摸上邊，想像著一般人認知中「大稻埕都住有錢人喔」的說法，某種跟著沾光的小市民心情外，更讓我雀躍的因素是，那麼，我可以來定義，「什麼是大稻埕嗎？」

以一個都市或文化研究的視角出發，我嘗試著詮釋，這些年帶動大稻埕如此熱鬧光景的原因是什麼。我想提出的假想是，「我們」，渴望著找到一點點可以與這個城市歷史產生連結的所在。在這個城市中居住，渴望著能說出自身的生命經驗，與這個城市發展歷史大敘事的關係；每個微小的主體，都想找到自身與群體大歷史的黏合、依附、記憶、情感與寄寓所在。我們知道自己無法無根，生命的茁壯、延續與發展，必然有著需要深埋於土地中的立足之處；對於長期在這個土地上成長的人來說，特別是對於向來缺乏歷史教育、無法跟腳下土地溫柔對話的「我們」，大稻埕，特別是迪化街沿街建築立面的差異地點場景，似乎提供了一個足

以架構著某種有利於我們想像著與歷史連結想像的畫面。

那麼，這個「我們」是誰？真的有個「我們」嗎？如果有，這個我們是由什麼樣的人群所組構而成？「我們」共同的「利益」、「創傷」或「壓力」是否存在？真的需要一個「我們」嗎？如果需要，那這個「需要」的真實樣貌又是什麼？

二、「我愛迪化街」

1988 年底，一則經濟日報的新聞報導，描繪出大稻埕曾面臨的歷史性危機情境。

「在布價持續下跌的情況下，今年布市度過一個最淒慘的『除夕』，許多布商已提前休市，而迪化街內更頻頻聽到討論「六合彩」，及處處傳來的麻將聲，顯見生意的冷清。業者表示，今年國內布市處於「內憂外患」的局面，由於外銷管道受阻，大批外銷布的產量，轉入國內市場。而來自香港、日本、印度及大陸的布疋，也大舉進佔國內市場，嚴重影響原先的市場平衡，加深布市蕭條的原因。

以往逢年過節，選買衣料製作新裝的風氣頗盛，但在現今成衣

業發達進步的情況下，盛況不再。許多業者現在已開始折扣促銷的活動，為了出清冬季存貨，彼此拚戰的相當激烈。

也有許多業者乾脆提前休市，甚或結束營業，尋求其他投資的途徑。走在國內布市批發零售集散地的迪化街上，可看到許多店家已拉下大門，停止營業。而所談論的話題，也從以往布價的起落，轉而為六合彩的明牌。」[1]

這則新聞透露了幾個線索。「外銷市場受阻」來自於全球市場的結構性變動，臺灣原本紡織王國的製造業與外銷貿易優勢不僅榮景不再，更面臨來自於亞洲區域產業結構網絡變動的高度威脅。另一方面，「成衣業」的發展與其帶動的生活習慣改變，傳統選布製衣的日常生活慣習與美學經驗逐步消散；這些內外因素使得許多店家積極尋求轉型或歇業另謀他途。以往具有在市場上喊價條件的大稻埕布商，六合彩明牌轉譯著街景的另一種無奈。

「大稻埕」被標榜為引領著臺北城市現代化的重要節點，臨著淡水河的運輸優勢，大稻埕以其貨物貿易疏運功能，將臺灣帶入了資本主義全球市場的國際分工網絡中。隨著 1970 年代後，全球經濟分工網絡重構，倚賴於商品製造、販售交易模式下的大稻埕面臨著嚴峻的時代考驗。此外，1980 年代臺灣都市發展與擴張歷程中，臺北市各個區域同樣面臨著空間分工的街區結構變化。城

市發展重心逐漸從傳統的河岸側往東而去。對曾經在都市經濟發展歷程中叱吒一時的大稻埕街區人家來說，整體都市空間結構的變化，牽動著每個曾經在這裡安居的心，出現了前述那則新聞所描繪的城市街頭場景。

「大稻埕」這個地理名詞，通常指涉的範圍為從淡水河岸往東到北淡線為界，北邊以民權西路，南邊到忠孝西路二段，昔日臺北舊城牆界。較為狹義的範圍，則是以東到重慶北路一段以西，即舊日的建成圓環為止。然而，在這個「地名」範疇中，最常被提起的要屬迪化街了。當然，對於大稻埕出身的人來說，通常很難接受這麼狹義的解釋。但無論如何，在許多時候，「迪化街」幾乎可以說是大稻埕的代名詞或同義詞了。這個現象或許是來自於三十年前「我愛迪化街」保存運動所撒下的種子吧。

1980 年代後的臺北，面臨著全球經濟發展結構性因素作用，臺北市大規模的都市擴張，強化機動車輛運輸能量，拓展道路面積等等都市治理動能，使得以往以河運地理優勢取勝，已然不具商業重心輻輳地點的大稻埕地區，最終仍是面臨著道路拓寬的挑戰。1988 年，迪化街面臨計畫道路拓寬的公共設施保留地課題。當時擔任樂山文教基金會的執行長丘如華女士，有鑑於蘊含豐富歷史記憶的迪化街，可能面臨拓寬與建物拆除的威脅，由其基金會主動發起為期兩天的「我愛迪化街運動」，積極於各處動員市

民連署，簽名支持迪化街保存原貌。這個名為「我愛迪化街」的運動，邀請市民「走上大稻埕街頭」，或許可以視為是最初的在地深度導覽：樂山基金會邀請了林衡道、楊仁江、文毓義、廖春生等文史與建築專家帶領與沿路導覽，從慈聖宮出發，一路經過涼州街，轉往迪化街，貴德街，深度介紹在地與臺北城的發展歷史。基金會相當細緻地在活動前即著手訓練大量義工，一方面協助維持秩序，同時也進行保存迪化街的連署，還製作了介紹迪化街歷史的手冊共五萬份，供現場民眾索取。此外，邀請相關專業者以英語為外籍人士導覽，以期擴大影響力。迪化街巡禮活動雖然在 8 月 20、21 日兩天舉辦，但整個保存運動更早即透過媒體報導、邀請相關政府部門、市議會議員與民間團體，以及民眾問卷調查等方式，積極進行各項溝通與遊說工作。《聯合報》曾經以「搶救永遠的迪化街」為題，進行連續八天的深度報導。樂山基金會動員了《聯合報》以及多位歷史學者、建築學者與文化菁英，形成了一個鬆散的、非正式的保存聯盟，展開了迪化街的保護運動，「這大概是臺灣解嚴初期第一樁因為文化議題而動員的群眾運動。」（顏亮一，2006：100）

　　這場解嚴初期登場的都市保存運動，為臺灣日後各處文化資產保衛戰場建立了典範。除了從專業界、學術界、藝文界、新聞媒體等場域，邀請倡議者積極跟社會大眾溝通，傳遞都市發展與文化資產保護的意念與價值。再從參加「我愛迪化街」運動後續持

續累積的社會大眾反應來看，保護「迪化街」街道與建築景觀，及其在臺北城市歷史發展獨特性論述等過程，可說是相當成功地架構起一個文化公共場域 (cultural public sphere)：不同的意見與價值得以在這個場域中，藉由相互溝通與彼此理解，甚至是透過不同價值與利害關係者間的競逐與爭辯，形構為都市中產階級某種社會共識，支撐且推導著日後都市公共政策資源挹注的趨向。

在這個重新回頭翻找當年尋求保存迪化街的歷史片段之際，幾個過往線索與軌跡，特別引發我的關注與興趣。臺灣社會於 1987 年解嚴，長時間高壓集權統治下，壓抑的社會力瞬間釋放，對探索在地歷史的高度熱情，面臨的是許多歷史場景已經遭無情抹去的困境。再將時間軸往前推十年，1977 至 1978 年，約莫這段期間，陸續發生板橋林家花園捐給臺北縣政府、「鄉土文學論戰」、以及「林安泰古厝」拆遷事件爭議，臺灣在地歷史與文化主體論述長期被否定與扭曲的史觀，以及缺乏完善文化資產保存法令與體制，這兩項在文化治理層面的結構性特徵，於戰後凸顯經濟建設與發展掛帥的意識形態架構中，首次出現了鬆動與重新建構的機會。1981 年，行政院文化建設委員會成立，以及隨之而來，於隔年 1982 年完成《文化資產保存法》立法，取代 1930 年的《古物保存法》，開展出臺灣文化資產保存制度性力量的第一步。然而，文化資產保存究竟是為了守護或保存何種文化價值，這些觸動統獨敏感神經的論辯，在當時的社會情境與氛圍中，顯然是完全無

法碰觸的。這可以從 1983 年，第一批指定的十八處古蹟僅限於清朝時期以前的文化資產 [2]，辨析出當時關於古蹟保存的內蘊文化政治價值。

緣此，當「迪化街」是否拆除引發高度關注之際，同時面臨著「日治時期」的建築是否具有文化資產保存價值的疑慮，以及，臺北市內已經不復存在著保存相對完整、沿街面與街道尺度大致仍維持一致建築景觀的線性市街的殘酷真實。換言之，對於想要建構一個屬於臺北市的城市發展歷史與文化論述，在此尋求市民認同，以建立起「市民意識」，來對抗臺灣戰後快速卻步履蹣跚的都市化腳步中，「沒有市民的都市化」(urbanization without citizenship) 的歷史困窘處境，「迪化街保存」構成了寶貴的前線 (frontier)。「迪化街保存」的動態過程，及其彼時所撼動的社會網絡和權力叢結，或許就是需要放在這樣的歷史脈絡中來詮釋與理解吧。預埋下了以「迪化街」街景為臺北人追尋在地認同的原鄉與鄉愁所在之論述主軸。

三、故鄉沒有年貨大街 —— 都市文化治理的臺北認同

1994 年陳水扁成為臺北市首位直轄市民選市長。陳水扁面臨的都市政權統治危機來自於首都政權首次政黨輪替後的高度

不安全感。雖然彼時在主流媒體再現出來的都市治理形象，夾帶著看戲、嚐鮮一般的戲謔特徵，但不可否認地，陳水扁陣營從選戰期間即提出的「市民主義」、「社區主義」等口號，訴求於草根、民粹主義的共同治理圖像，以獲得中產階級市民的認同，特別是從滿足社區需求入手，化解當時許多因都市集體消費與公共服務不足而衍生的都市社會運動壓力；另一方面，則是「臺北新故鄉」的措辭，強調臺北市匯聚了從臺灣各地來尋夢與打拼的人們，共享於「臺北新故鄉認同」的集體價值下，從而相當輕巧地閃躲過緣於省籍、政黨傾向等，長期居於支配性壟斷的認同矛盾議題。如此一來，不斷地藉由舉辦各種嘉年華會般的歡愉活動，以歡樂／逾越的節慶氛圍，既迴避且沖淡原本緊繃的省籍與政黨認同矛盾，同時創造出「我們都是臺北人」的新政治認同符號。

　　王志弘 (2003) 的研究指出，市長由官派改為民選，啟動臺北市都市政權的結構性轉型。首都市長具備超越其它地方政府的實質與象徵性政經地位，民進黨除了需要力圖表現不同於國民黨官派政權的形象，贏取務實冷漠的都市中產階級支持，也同時必須要拉緊伴隨民主化運動而起的各種草根本土、前衛激進社會勢力及其文化表現，還要在國際城市競爭中尋求發展利基。這些社會歷史情勢的條件，使得文化治理成為短期內能夠迅速迎合各方需求，表達出不同都市意義及都市發展想像的象徵政治場域。因此，在王志弘的分析中，1990 年代，從陳水扁任市長一直到馬英九階

段，臺北市文化政策主要的重心在於凸顯多元族群文化、庶民記憶與城市書寫、擴大史蹟保存範圍與閒置空間再利用，節慶奇觀與文化產業、強調地域文化與社區藝文、以及全球化與國際化的連結和想像等層面（王志弘，2003:155）。

創造歡愉氣氛以避免意識形態上的衝突與矛盾為當時臺北文化政治積極創造的唯一價值。「創意」、「奇想」、「突破窠臼」則是其政策發想所依託的包裝方式。透過地方感的營造，節慶式活動所建構的城市奇觀和非日常愉悅體驗，不僅可以藉由在地美學符號元素來強化認同，更可能連結上文化觀光與產業議題。因此，「迪化街」當時面臨景況蕭條、熱鬧街肆畫面不再的都市街區經濟課題，則透過「年貨大街」的文化消費模式提供解答。然而，這個看似嘉年華式的歡愉節慶，其政策形成與執行細節，仍是有著許多複雜的動態過程。

吳伯雄任市長時期(1988.7.25-1990.6.2)，在民間團體的「我愛迪化街」運動保存呼聲中，拍板了迪化街停止拓寬的計畫。但「搶救之餘」，後續臺北市政府對迪化街、大稻埕的政策意向並不明確。陳水扁市長任內，在訴求於草根民主、地方認同的新政治經濟脈絡下，「古蹟保存」成了市府市政重點，具有全國知名度的迪化街，成為其保存政治執行成效的關鍵指標，延宕六年之後，臺北市政府終於開始積極介入與處理迪化街的保存爭議（顏

亮一，2006：104-105）。

　　基於重構臺北記憶再現體制的動機，市政府於上任後兩個月，即 1995 年 2 月，即宣告迪化街的寬度維持不變。同時也組成跨部門專案小組來處理「保存」可能引發的爭端。正是由於都市保存同時牽涉了文化領導權與文化經濟兩個面向，市府在政策論述中，提出「都市再發展」的新措詞來取代原本的「古蹟保存」用語。此外，在這個政策論述概念下，市府將規劃範圍由原本的迪化街擴大到整個大稻埕地區，規劃目標則以「改善公共設施」與「振興舊市區的經濟發展」為主（顏亮一，2006：105）。

　　強化官僚體制的運作效率，建立親民意象，善用民間團體的組織性動員能量，是陳水扁市長任期內另一個都市治理樣態。「社區規劃師」與官方體制法制性連結角色的確立，廣邀民間專業人士以社區工作室的形式，成為草根性官民共治、公私協力的前哨站。例如都市發展局曾經以「地區改造計畫」經費，支持「大稻埕街區工作室」。以建築與環境規劃專業者為主要成員的大稻埕街區工作室的社區規劃師，透過每日的駐地形式，跟居民持續互動溝通，了解在地社區居民的想法與需求，以期在市府政策和民眾偏好之間，尋求價值上的共識。相較於每日居住的舒適感受、社區公共安全的期待，以及街區經濟發展的需要，「古蹟保存」顯然並非社區居民最優先排序的議題。經由與居民的溝通，大稻

埕街區工作室在地區經濟發展前提下，說服迪化街商家在 1996 年春節前舉辦「年貨大街、全台第一」的活動。

　　年貨大街活動在當時臺北都市文化治理的情境中，取得了相當豐碩的成果。根據商家估計，首次舉辦期間，每天大約有十萬人來逛街購物，大幅增加商業活力，奠定了迄今舉辦超過二十年的堅實基礎之外，「年貨大街」為街區經濟帶來大幅獲利的更重要意涵為，說服居民保存歷史環境氛圍，可以是帶動地區再發展與經濟收益的實質動力（顏亮一，2006：105），而非如先前「古蹟保存」凍結式保存經驗，予人一種時光停滯於歷史之前的靜態無語。

　　在當地反對保存的居民及社區組織的反彈稍微減緩的社會條件下，臺北市都市設計委員會於 1998 年 6 月通過「大稻埕歷史風貌特定專用區計畫」。為了補償土地所有權人開發權的損失，市政府在這個專用區內，實施全國首次的容積率移轉以及建築容積獎勵等措施。易言之，從 1988 年的「我愛迪化街」保存運動以降，經過十年的努力，迪化街歷史地景可以說是相當程度地被保存下來了（顏亮一，2006：105）。

容積轉移

「有土斯有財」的說法，對房地產價格高漲的臺灣來說，應該是相當有感的。然而，換個角度來說，如果任由私人的土地產權無限制地興建建物，創造房地產與財富，不難想像，整個都市將是擁擠而天空線失控的。因此，全世界各個國家與城市，在都市經營與建築管理層面，紛紛有各種不同的政策工具，以確保都市不會因私人土地產權的貪婪與過度開發而崩解。這其中，建蔽率與容積率，是經常被使用的政策工具。

簡要地說，所謂的建蔽率是指在一定土地面積下，依據該地區的土地使用分區（例如屬於商業區或是住宅區），決定可以興建的面積比例，如此一來，可以留設出一定的開放空間面積，作為公眾使用，以確保都市景觀，讓都市有更多可以呼吸喘息的餘裕。而與此類似的概念，所謂的容積率，同樣依據該地區的土地使用分區強度，規範一定面積土地上，容許興建的強度／高度：建築物各層樓地板面積總和除以建築基地總面積的比值（即建坪與地坪比）。每個地區有其基準容積。這個規範除了同樣避免都市過於高強度開發，更可以具體保障鄰近地區的日照權。舉例來說，如果某地區的依法可興建的基準容積為 600，意味著同一層建坪為 100 坪的建物，可以蓋六層樓。但在尚未實施這些都市計畫與建築管理的年代，以及早期建築物多為一至兩層樓，大部分年代較早

的建築物，都還保有許多容積尚未使用，也就是屋主／地主，依法是有權利可以再蓋得更高一點。

「容積移轉」（或稱「發展權移轉」）的概念則是在這樣的都市計畫與建築管理概念下所發展出來，強化歷史建築屋主願意保存其老建築的政策工具——依據《文化資產保存法》第 41 條的規定，如果建築物指定為古蹟，其舊建物尚未使用的容積，可以移轉到其他地區使用，或是採取「賣容積」的方式，將這些發展權有價轉讓給其他開發者。換言之，原本認定指定古蹟是對老建築所有權人的一種處罰，並高度威脅其私人財產權的觀念，也得以解套，成為鼓勵老屋所有人，願意既保有老房子，同時可以靈活運用其私人產權的誘因。

不過，由於「容積」就像是一種買空賣空的運轉機制，各個國家與城市對於這個政策工具的運用都相當謹慎，避免造成城市發展強度的失控，或成為私人牟利的政策漏洞。因此，臺灣最初引進這個制度時，僅相當節制地限於運用在古蹟或歷史性建築等文化資產上。然而，這個美妙的無本生意，逐漸擴張其運用範圍，官方甚且制定了《都市計畫容積移轉實施辦法》，作為以容積移轉方式，取得公共設施保留地的方便之門，再加上《都市計畫法》將容積移轉等相關業務與施行細節的權力，下放給了地方政府，故各地方政府的治理現況，及其周邊衍生許多相關課題，迄今仍

是都市計畫界持續辯論的議題。

四、專家系統與地方認同

　　根據臺北市都市發展局的網站資料，從 2000 年通過《大稻埕歷史風貌特定專用區》主要計畫，一直到 2012 年 4 月 18 日為止，已經有 342 筆的容積移轉公告通過申請並公告。[3] 根據目前找到的統計資料，截止 2005 年底，在特定專用區範圍中，依都市計畫規定提出都市設計審議，並完成核備者有 94 件，申請容積移轉且核備建築基地者共有 53 件（林崇傑，2008）。

　　至於根據 2018 年 12 月 18 日最新發布的《修訂臺北市大同區大稻埕歷史風貌特定專用區細部計畫案》（臺北市政府，2018）資料顯示，截至 2018 年 3 月底，本計畫區申請容積移轉之送出基地約 200 處，經審議核備之總容積約為 17.5 公頃，實際完成移出之總容積約為 16.07 公傾，換算接受基地入容積約為 22.6 公頃，剩餘可移出容積約為 16.74 公頃（臺北市政府，2018：13）。

　　同時，在這個區域內，依文資法指定或登錄的市定古蹟共 5 處、歷史建築 65 處，臺北市政府認定之歷史性建築物共有 83 處。此外，至 2017 年底，計畫區內已經申請修復完成共有 83 處，

其中 32 處為歷史建築、51 處為歷史性建築物（臺北市政府，2018：14）。曾經擔任都市發展局都市更新處處長的林崇傑博士曾經撰文指出，容積移轉對迪化街的保存與發展有著兩項關鍵性的影響。其一，原本都市計畫賦予該街區的開發權利，如果全部開發利用完，勢必對這個地區產生極大的衝擊，容積移轉的適時引入，有效地化解這個潛在的開發壓力。其次，由於是容積移轉地送出基地，使得迪化街的街屋建築型態得以保全，整個歷史街區的建築高度，也得到一個較為和諧的景觀風貌（林崇傑，2008）。

這些龐雜瑣碎、難以消化與理解的複雜法令與數字，的確是很難讓人與當下大稻埕優雅率性的文青風格劃上等號。在此不厭其煩地引用這些數據，想要突顯的是，從迪化街拓寬與否的保存運動開始，專業技術官僚的身影，一直是亦步亦趨、如影隨形地伴隨著這個地區的發展與變化。這些技術官僚的專業知能，高度地決定了這個街區的地景變遷樣態，但卻顯然是個充滿知識門檻，讓一般人難以理解與靠近的課題。或許可以這麼說，我們日常巡遊於大稻埕的生活感受、空間體驗與美學符號中，都難以清楚地解析出這些向度的作用力量。然而，這些專業工作者，特別是公部門的技術官僚，他們不僅確切地存在，長期陪伴與守護這個歷史街區，更重要的，他們也是決定空間政策的關鍵力量。

從陳水扁時期明確的都市文化治理軌跡，一路到馬英九、郝

龍斌任內的蕭規曹隨，經由都市計畫手段、都市設計程序、容積移轉等相關法令規範的體制框架，穩穩地讓大稻埕都市地景空間變遷的腳步放緩。因此，相當長一段時間下來，人們對大稻埕的印象與記憶，主要仍是來自節慶氛圍中的「年貨大街」，而沒有其他高度開發的地區性議題。

　　社會學家紀登斯曾經指出，現代社會中，人際之間的關係是被高度抽象與抽離的，而大量的專家系統，串連起許多認知與理解方式，也成為我們彼此之間得以相連的中介。簡言之，現代社會可以說是一個高度在抽象中彼此想像的世界，因此，人們必須擁有「反身性」，才得以有意識地，在這個充滿風險與不確定的世界中，得以彼此相互聯繫著。這個透過技術官僚專業體系所建構起來的，以臺北市城市治理為場域的都市文化保存體制與架構，一方面，是每個市民／社區居民／個體需要透過知識體系與公部門政策之間建立起連結的所在。但另一方面，是以何種認知、理解、情感經驗或在地知識詮釋，來架構這個相互間的連結模式？似乎是討論大稻埕相關課題時，較少涉入的理解與討論視角。解析這個連結與溝通狀態是以何種認知模式所架構起來的，或許正是尋求相互理解，建立對話機會的鑰匙。

五、文化治理迷途？「都市再生前進基地」與「大稻埕博物館」

「URS 都 市 再 生 前 進 基 地 計 畫」(Urban Regeneration Station) 為臺北市政府都市更新處於 2010 年 5 月推出的政策，通常簡稱為 URS 計畫，取其音譯同於「你們的」（Yours），意味著城市不再只是被公部門政策壟斷，也是由市民所共享。這個政策設計與提案相當具開創性，融匯了國內外各方從理論到實務，從困境到策略，由都市規劃與文化保存場域出發，涵括了包含創意城市、都市再生、社會設計與社區營造等各面向的資源與概念，在執行上也充分考量彈性、創意與公私協力的可能性，的確是臺灣近年來在都市文化治理場域的創舉與佳作。

以「年貨大街」作為迪化街與大稻埕的代名詞又再經歷近二十年的光陰。在臺北市政府的都市治理軌跡中，除了每到市長選舉，喊出諸如「西區再生」、「軸線翻轉」等口號之外，新植入的政策想像有限。陳水扁市長 1994 至 1998 年的四年任期間，固然其都市文化治理積極著力於建構臺北城市認同，但這段期間也正是全球化趨勢日益加劇的歷史階段，臺灣的城市如何能夠以其獨特優勢，躍上國際舞台，是個對首都市長最為直接而嚴峻的考驗。換言之，臺北如何找到自身的獨特性，在這個全球城市間的競爭，最為直接的效果則是在治理策略的文化轉向 —— 文化軟實力成為建構城市獨特性與象徵經濟的終南捷徑。

解析 URS 政策或許可以幾個從困境所架構起來的問題意識出發。

　　首先，過去的城市發展與策略擬定，向來多是由上往下的決策模式，較少聆聽來自於在地社群的草根聲音；就以臺灣推動超過 20 年的社區營造政策言，原本具有培力增能的政策意涵，但卻始終面臨高度倚賴政府資源，社區無法自主的疑慮。因此，如何在都市文化治理層次，充分地引入在地社群的意見或討論，顯然是臺灣當前都市發展與治理需要審慎面對的議題。

　　其次，全球化的發展趨勢中，城市治理必然浮現的文化轉向需要。那麼，要如何折衝文化行政與都市開發部門之間長期存在的緊張關係？兩者之間是否可以找到共同的戰場？或是由此闢建出共同的策略？

　　第三，都市開發部門長期處理實質環境議題，這意味著需要龐大開發成本的投入，也使得都市經濟必須高度倚賴著開發導向的城市發展取徑。然而，在全球暖化、氣候變遷與永續發展課題有其迫切性之際，如何善用資源，避免浪費，反過度開發，空間活化再生等思維，強調軟都市的社區／社會設計導向思維，也逐漸展現出都市行動主義策略性的高度價值。

第四，如何挖掘出臺北的獨特魅力與在地特殊性？亦即，在一個全球對話的場域中，如何找到自己的城市價值與優勢，而非僅是盲目跟隨著其他城市的發展經驗。特別是，是否可以找到足以跟國際世界分享我們的城市過程與經驗呢？

　　第五，相較於過往以公部門作為帶動城市發展的唯一動能，是否可以發展出公私協力的最佳化模式？在兼顧社會發展公平與都市正義的前提下，讓私部門的資源挹注有足以擴大整體效益？

　　第六，如何確保城市的依附、地方情感與在地記憶和歷史，能夠溫暖地被延續下來？

　　第七，城市經濟朝向文化產業的轉向，特別是所謂創意城市、創意街區和創意氛圍的形塑等等思維，是否具有跨世代正義的理念，兼顧不同年齡層的市民，從就業到安居的需要？

　　上面這些對於我城未來發展的提問與掛懷，凝聚在 URS 這個從老城區出發的都市再生策略中。以舊街區的閒置空間做為引子，挪用針灸術的概念，藉由空間改造，活動、人群與議題的引入，帶動社區的溝通與持續關懷，如同在都市中創造出許多節點的活化效應，來帶動周邊老社區的活力。換言之，這些都市再生基地的選點，一方面須先處理產權問題，適度地檢討其土地分區與使

用現況，設定其策略性的角色為何。接下來，則是邀請創意工作者團隊或非營利組織，透過構築創意氛圍，建立共同工作與生活空間來活化這些場域。或是邀集年輕工作者進入老社區，不僅實質創造工作機會，帶動人氣，活化老街坊，同時善用年輕人的創意與活力，或是藝術文化工作者的創作引入，營造出以文化引導都市再生的空間活化策略。

2010 年發動的 URS 計畫，陸續建構了 11 個據點。其中有五處即位在大稻埕地區。於今觀之，URS 可以說是帶動大稻埕近年來朝向文化產業發展的重要動因。URS 政策對於大稻埕近年來變遷的影響，值得更詳加分析與梳理。

隨著首長變動，URS計畫的執行、影響與聲量已經漸漸微弱。日前已將 URS 的主管權責從原本的都市更新處，調整由臺北市文化局接手。取而代之的，是柯文哲市長「大稻埕博物館計畫」的浮現。這個計畫雖然仍是進行式，但從都市發展與地方再生的取徑與策略，顯然是完全轉向了文化保存與觀光的進路。也就是說，我們總是想要尋找著我們跟這個城市的關係，想著要如何訴說我們的城市故事。但看來，在官方的政策想像中，永遠跟我們競逐著對於自身城市發展與文化的話語權，並且，充滿敵意。

六、我城故事，打算怎麼寫？你也是大稻埕人？

　　進入第二章，似乎不可免俗地，需要檢視大稻埕與迪化街在近代臺北城發展過程中的變化，特別是從城市自明性的角度來觀察。「迪化街」及其所代稱的大稻埕，在 1988 年的「我愛迪化街」保存運動中，進入社會大眾的公眾認知與集體記憶想像中。但過去似乎較少回頭檢視這段歷史，及當代重新詮釋的價值。從「搶救永遠的迪化街」埋下記憶的種子開始，臺北市政府如何在年貨大街之外，重新描繪市民的迪化街記憶？

　　相較於一種「正典式」的歷史地理描繪，第三章與第四章想要換個角度，提出「城市中的女人」這個命題：臺北的城市化發展與臺灣進入全球資本主義生產市場緊密相連。工業化與都市化攜手帶來的現代化城市樣貌，也成為女性走出家庭，進入公眾生活的起點之一。大稻埕為臺北近代化的歷史起點，自然也吸引了許多女性進入大稻埕的空間場域中，上演著女性與都市空間的初相遇。那麼，是否可以轉換視角，以女性生命經驗在城市中的初登場，來重新溫習這段故事？第三章，聚焦於兩個攸關女性如何取得行動／移動／能動的主題：接受教育的機會，以及解開纏足。纏足是對女性身體的直接控制，更是對於其基本移動與行動能力的剝削。解開纏足，如同開辦公共教育一般，在日治時期的臺灣，是象徵著臺灣社會走向「現代文明」的一環，也是殖民統治者渴

望增加女性勞動力進入市場經濟的歷史性計畫。提供女性受教育的機會，直接促成了女性以進入都市公共場域的機會與正當性。第四章則擴及到女性如何正式地取得資本主義市場的有薪勞動，一方面正式成為資本主義生產方式中的新進者，服務於社會；同時挑動了女性在父權體制家戶關係中扮演角色的傳統想像，以及這個性別社會關係鬆動的可能性。

第五章聚焦大稻埕近年來出現的兩座私人博物館。是偶然嗎？還是有什麼內在的連結？這兩座博物館，相當巧合地，都與女性有關。第一個是阿嬤家，由婦援會在陪伴慰安婦阿嬤四分之一世紀以來，建立起來的溫馨空間，期許以博物館的形式與運作，成為長期專注於女性與人權議題的教育基地。另一個則是由熱愛老房子的律師陳國慈所創辦。從女性進入城市空間與公共場域，積極參與文化生活後，這兩座博物館在大稻埕的出現，又是訴說著什麼樣的我城故事呢？或者說，從這兩座博物館的出現，是否提供了重新看待街區活化議題的不同視角和想像？

「都市再生」(urban regeneration) 一直是近年來伴隨著大稻埕的重要議題。以文化經濟、美學符號消費的文化引導都市再生運作模式之外，我們是否可以重新回到社區記憶再現角度，觀察在地的社區工作者，如何提出不同的社區經濟與再生的想像？這是第六章想梳理的主題。本章從臺灣近年來風行的文創產業政策

切入，回到大稻埕傳統優勢的美食文化地景，作為思辨從年貨大街到文化引導都市再生的路徑上，美食地景的重構與打造歷程中，經由不同文化主體的積極參與，特別是年輕世代對傳統和歷史的熱情投入，對於開創大稻埕產業和經濟轉型有何啟發？

　　這趟尋找城市認同故事的旅程即將畫下句點。最後，我想重新再次聚焦十年後的 URS 計畫現況。重新尋訪這些以「都市再生」基地為名的據點，即使操演著各自的劇目，但似乎均不可避免地，仍是環繞著文化主題作為活化的核心，而逐漸地連結上官方政策中的「大稻埕博物館」想像。這彷彿也間接地論證了本書作者想要回答的問題 —— 為何我們總是情不自禁地，想要讓自己的生命經驗、歷史記憶跟大稻埕的百年敘事得以接軌？從都市再生出發，但我們總是充滿熱情與使命的，聚焦在博物館與文化保存的課題。因此，另一個想像的軸線在此橫生：隨著各方作用者和能量在大稻埕匯聚，不同切入觀點，帶來對大稻埕各自的想像，以及對未來充滿希望的藍圖描繪。是否可以再以女性主義地理學與城市文化觀點，提出一個具有性別視野的城市空間詮釋版本？當我們強調多元、來自各方的差異與聲音，是創造大稻埕歷史以來的豐盛，最重要的動能。當這個燦爛的歷史地景，不斷地吸引各方進場，搶著想成為大稻埕人，在這裡有個家。那麼，如何使城市讓人可以安居為家？讓城市歷史成為創造主體認同且安居所在？

是的，這是一個（疑似）大稻埕人想要以此來重新想像我城故事的旅途軌跡，邀請同行。至於旅途上會看到什麼風景。是體驗，是詮釋，更是相互理解與想像。畢竟，我城故事，陪伴同行，共同思辨，更邀請參與書寫。

[1] 經濟日報，1988，價格低落. 布市冷清 迪化街麻將聲處處聞，【1988-12-30/ 經濟日報 /07 版 / 商業 2】。

[2] 第一批指定的名單包括：赤崁樓、淡水紅毛城、億載金城、澎湖天后宮、臺南孔廟、鹿港龍山寺、祀典武廟、西台古堡、安平古堡殘蹟、海門天險、五妃廟、金廣福公館、彰化孔廟、王得祿墓、臺北府城北門、鳳山縣舊城、大天后宮、邱良功母節孝坊。

[3] 檢索資料時間為 2019.4.4，但官方網站資料只有登錄到 2012 年。不確定是否意指之後沒有任何申請案件？資料來源，都市發展局的官方網站，網址：http://www.udd.gov.taipei/exhibits/measure_list.aspx?Node=35&Index=3&Item=1

第一章

孫仁鍵 繪
2002. 5. 5 台北大稻埕

第二章

「我愛迪化街」的大稻埕在地想像

本章試圖提出不同切入理解與詮釋大稻埕歷史的片段與切面。所有的歷史都是當代史。我們如何選取材料，裁切與重新訴說過往的方式，來自於書寫者的主觀視角與詮釋選擇。當人們不斷地從某種源頭、起始的意圖，訴求或執著於某種起始觀，想要找到最初的起源，以強調「大稻埕」與臺北城市發展歷史的關鍵性地位。我們的確可以找到各種書寫策略以滿足於這樣的意圖，並且找到後設描繪這些歷史場景的共同語言。這是歷史再現與書寫詮釋的支配性優勢。除了以時間序列，描述大稻埕從 19 世紀晚期後的時空變化外，我還試著想重建 1988 年，「我愛迪化街」保存運動的觀看與理解經驗場景。此外，如同前一章提出來的，臺北市政府 URS 政策的價值似乎還沒有引發充分的對話。在 1996 年的「年貨大街」連續舉辦的 25 年後，如何理解在大稻埕地區引入「都市再生前進基地」(URS) 的策略與城市再生的關係？有意思的是，這些不同版本對於大稻埕的歷史描述，其共同內蘊、未加闡明地指向了在產業經濟的發展導向課題。這個經濟與產業視角下的「大稻埕」觀點，自然對於大稻埕具體指涉的地理範疇為何，產生了不同的詮釋版本。

就地理範圍來說，目前一般指稱「大稻埕」大致是以民權西路、重慶北路、南京西路到淡水河畔的範圍。但通常較為廣義的大稻埕，向東可能會一直延伸到鐵道北淡線為界。然而，1988 年所劃設的「大稻埕歷史風貌特定專用區」的範圍則略小一些，由

於考量街道景觀保存課題，因此在東側僅劃設到延平北路建物的
第一進，面積約為 40 公頃。

一、迪化街的歷史時空

　　從十九世紀後期的開發以降，大稻埕地區與迪化街迄今發展超
過 150 年。依據相關研究（楊鈞文，2016），本章從五個階段來概
述大稻埕地區的興起與發展歷程：分別是最初的港口興起階段、
全盛發展期、轉型、發展停滯與再發展等五個時間軸的分期。

1. 港口的興起（約為 1851－1859 年）
　　大稻埕地區最早出現的商號「林益順」為同安人林藍田於 1851
年所創。當時店鋪前後均為農田，僅淡水河岸有船隻停泊。彼時
大多船隻是以艋舺為出入停泊點。林益順商號以輸入華北、廈門
與香港等地貨物，並將油、稻米、大藍與樟腦等輸出到中國大陸
各港的貿易活動為主。

　　1853 年，艋舺發生頂下郊拼，下郊人（同安人）奉護霞海城隍
爺金身遷往大稻埕，帶動了這一帶市街的發展。霞海城隍原為福
建泉州府同安縣下店鄉海邊厝五鄉庄居民的守護神。最初在道光
元年，由同安人陳金絨分靈來台，供奉在艋舺八甲庄的金同利糕

餅店，為家族內的神明。後由於糕餅店生意日漸興隆，感念神明護佑，故捐資於八甲庄興建草房，供奉霞海城隍。移居大稻埕後，興建霞海城隍廟，並封當時在械鬥中殉難的三十八位鄉賢為「義勇公」，供奉配祀於邊殿。1858年與1859年，新莊發生漳泉械鬥，漳人移居大稻埕，從此加速了在地的發展。

1858年天津條約簽訂之前，許多積極來臺灣尋求貿易機會的外國洋商，多以「走私」進行商業交易活動。後雖簽訂天津條約，以淡水港為通商港埠，但具體地理空間涵括大稻埕與艋舺聚落。許多洋商與傳教士到艋舺經商、傳教，多遭到艋舺當地人的強力反制，激烈衝突不斷。大稻埕市街形同當時的新開發區，受到洋商矚目，紛紛尋求落腳於此。

2. 全盛發展期（約為1860—1900年）

1862年，鴉片戰爭後，清政府開放淡水為國際通商口岸。從1860至1881年，各國與清廷政府擬定臺灣開港條約，北部以大稻埕為中心。依賴水運的時代，洋人將洋行等貿易機構設立在淡水河畔新開發的大稻埕地區。英人陶德(John Dodd)開展臺灣的茶葉貿易產業，於同治八年將其茶館遷至大稻埕；德記洋行在同治十一年跟進，將其公司重心由臺南安平移至大稻埕設置分公司。其他洋行如怡和、水陸、和記、愛利士等，紛紛於同一年跟進搬到大稻埕，競逐茶葉貿易的龐大商機。淡水港茶葉商機超越南部兩港，

大稻埕也因為這些洋行北遷而聚居了大批外籍人士（吳密察、陳順昌，1984：40）。

1860 年代，中街開了大稻埕地區的第一家藥行。十數年後，南街開設了乾元藥行，北街有恆升藥房，這些店家開啓了大稻埕的中藥產業序幕（吳密察、陳順昌，1984：112）。1864 年後，因淡水開港帶來茶葉、樟腦、鴉片的貿易，大稻埕貿易量倍增，諸多洋行使得大稻埕一帶的商業結構，跳脫原本以血緣家族為基礎的模式。

英人陶德有計劃地開創茶葉種植與銷售，成功促成臺灣茶葉外銷全球，帶動大稻埕地區的經濟結構重組：1865 年至 1875 年陶德來台年間，已有德記、寶順、水陸、和記和怡和等五家洋行經營茶行。大稻埕成為國際上重要的茶葉出口區。

1885 年清法戰爭後，意識到臺灣「南洋門戶」戰略地位的重要性，清政府在臺灣建省，積極致力各項近代化的基礎建設，包含大稻埕商港的建設。為吸引外資，清政府鼓勵本地商人興建洋樓出租給外國人，在大稻埕設立火車站、鐵路、電報系統等各式現代化都市設施（曾旭正，1997）。大稻埕地區在十九世紀的最後二十年間飛快成長，成為第一個臺灣與全球市場接軌的口岸，以此口岸輸出全球的臺灣茶葉，便是以大稻埕為首要生產與貿易

據點。1890 年左右，淡水港所有的商業活動都集中在大稻埕，洋行、行郊、鹽館、倉儲等商業設施一應俱全，市況逐漸超越艋舺。1891 年，原本設立在艋舺的茶釐局也移到大稻埕（林玉茹，1996：81）。

1895 年，日治初期，根據統計，大稻埕地區有六家洋行，131家茶行。日人以臺北城內作為推動西方都市建設的場域，臺北城內埤為日人聚集地。相對地，沿著淡水河岸、臺北城外的大稻埕與大龍峒則是臺灣人為主聚居範圍。隨著產業與貿易活動日益繁盛，這裡也開始因涉及各式洋務與洋行，匯集許多外籍人士居住。

3. 轉型發展期（約為 1901—1960 年）

1895 年臺灣成為日本殖民地後，大稻埕扮演著進出口貿易港的重要角色並未改變。只是從原本主要與西方國家的貿易，轉變為對日本與東南亞的貿易關係。考量淡水港口貿易的重要性，日人統治時期除了在大稻埕進行大量電信、鐵道等建設外，以大稻埕車站為起點的淡水線鐵路，則是另外一項指標性的建設。淡水線 1901 年全線通車。1902 年大稻埕車站興建完工。1905 年，臺北市大規模的市區改正，大稻埕地區也進行計劃道路修整，設置公眾電燈，興建市場（今永樂市場）等等現代城市基礎設施。1910年，大稻埕主要街道，如中街、南街進行市街改正，取直打通道路、拓寬路幅，規定騎樓寬度，倡導西洋樣式建築。許多富商匯聚於

此，積極投入住家與店鋪的翻新修建，逐漸構成今日迪化街長型店屋，西洋樣式建築立面的空間結構。

然而，由於淡水港功能逐漸被鐵路取代，基隆港崛起等因素，大稻埕商業繁華景貌開始出現變化：1920 年，淡水港出口貨物由原先的 70% 減少為 11%。1930 年，大稻埕的消費中心地位逐漸轉移到延平北路與圓環，茶行沒落，取而代之的是娛樂業與服務業。1932 年，淡水線鐵道臺北站調整位置，規劃往東區發展的道路系統。1937 年，大稻埕車站廢除（楊鈞文，2016：111）。

延續前一階段的榮景，日人治臺雖然積極經營大稻埕市街，但受限於淡水河港運輸的交通樞紐地位，在這個階段被陸運和火車與基隆港取代，大稻埕也逐漸失去其地理區位條件帶來的貿易發展優勢：隨著臺灣西部縱貫鐵路完成，陸運聯通水運和港口，大稻埕原本以稻米和茶葉出口貿易經濟模式的支配性優勢地位，從這個時期開始逐漸消褪，但仍逐步朝向中藥材和南北貨集散的模式調整。戰後初期百廢待興的市況中，雖然基隆港於 1950 年代正式取代淡水港的地位，大陸進出的貨物改為由基隆卸貨，再轉運至迪化街來對外批發，大稻埕仍以過去打下的良好基礎，保有臺北地區商業中心的角色。此時開始，許多商人將商業資本轉換為工業資本，但資本的流動區域仍是以大稻埕為中心。國民政府來台後，原本在汕頭廈門等地經營中藥的人才加入迪化街，民國五十年

年代，許多中南部的藥商也移入此地，名副其實成為臺灣中藥批發重鎮。大稻埕逐漸從原本茶葉和稻米輸出為主要產業的埠頭，成為臺灣南北貨、中藥與布料最大的集散地（廖家顯，1996）。其中，北街以布行和南北貨批發商為主，中街以中藥和南北貨店居多，南街則是中藥店和布行的主要集中區（蘇青嵐，1994：3）。

4. 發展停滯期（約為 1960—2000 年）

　　二次大戰後，大稻埕地區開始產生改變。這和臺灣在國際分工中角色的轉變有關。1950 年代，基隆港取代淡水港的功能。從六十年代晚期開始，臺灣廉價的土地與勞動力成為跨國公司海外生產基地，同時展開本地工業化的過程。為了容納工業化帶來都市人口，臺北市開始往東邊發展，公部門投資與建設也以東區優先考量。相對地，位於臺北西區的大稻埕地區則呈現發展停滯的景況。市政府在 1973 年前後拓寬了大稻埕地區大部份的街道，唯有迪化街未被拓寬。因缺乏公共投資，相較四周翻新重建的高層建築，迪化街街景更顯其歷史風貌。

　　由於居住環境和公共設施相對短絀，加上傳統街區店屋的店面建築較難適應新的販售商業需求、缺乏停車場、街道狹窄等因素，許多商家選擇搬出大稻埕，也形同大稻埕逐步進入發展停滯，甚至可說是衰退的階段，急需找到新的街區發展策略。這其實也正是引發迪化街是否拓寬的關鍵性議題。即在地的產業型態與其所

我城故事：大稻埕街區生活書寫

仰賴的生產網絡已經產生劇烈變化。原本長型店屋與其連續立面構成的街道與都市建築景觀，乃是承載著在地產業結構的具體空間場域：依附於這些長型店屋的前店後住，前面銷售，後方自住，是明確的家戶生產單元；而在地街坊同行交易的合縱連橫人際網絡，以及共同居住的親族街區鄰里網絡需要，也因為產業結構改變而不復相同。加上房地產市場推升所形成的另一個產業資本市場，吸引著這些創業家們蠢蠢欲動：除了想要拆除老屋，興建明亮寬敞的電梯大樓，象徵時代進步的想像，意涵著根本性的生產結構早已改變之外，這些擁有龐大在地資本的企業家，渴望著下一個大展長才的產業環境與投資標的。

5. 轉變再生期（約為 2000 年以降）

　　1988 年，原本預計依照都市計劃拓寬迪化街，經由民間發起都市保存運動，避免了這條歷史性街道被拆除的危脅。這個具抵抗意涵的歷史保存轉向「都市再生」的文化治理策略，於今來看，除了因為臺北市政府都市治理脈絡中，未能對應在地產業轉型的需求，而是相當簡化問題地，以「年貨大街」此兼具社區營造與城市行銷特徵來中介。這個活動的出現，可以說是促進從文化產業朝文創產業轉向的重要轉折點。1996 年臺北市政府開始舉辦「年貨大街」節慶活動，是都市文化治理對大稻埕的積極回應，也製造出「年貨大街」等同於「大稻埕」的市民認知的聯結。2000 年，臺北市政府正式公告實施「大稻埕歷史風貌特定專用區」；有別

於文化資產單棟保存古蹟的模式，透過都市計劃政策工具，一方面希望可以援用「整合性保存」(integrative conservation) 的概念，從保存整體都市景觀和生活方式做起，更期望以都市保存行動帶動大稻埕地區的再發展。換言之，原本在地居民期盼的改善居住生活環境品質，促進在地產業復甦等實質層面的議題，悄悄地被置換成休閒歡愉的文化消費經驗，而將大稻埕優美在地的歷史過往，從建築都市景觀的空間結構，一直到在地生活場景的記憶符碼，全部都轉換成為文化保存的議題。

2005 年據以執行「大稻埕特定專用區細部計劃案」的檢討。但時至今日來看，這些相關都市計劃工具的硬體操作，對於地區性整體再生發揮的作用似乎相當有限。主要的關鍵仍是在於有意無意地淡化對產業經濟面的討論，使得容積轉換的房地產投資利潤，足以構成吸引在地企業家社群的潛在議題。

2010 年，臺北市政府都市更新處提出了 URS 都市再生前進基地計劃。這或許可以理解為，是以 URS 計劃來取代年貨大街節慶式的、放煙火般的地區活化模式。URS 計劃成為取代前一波，僅以都市文化保存作為在地發展想像的替選方案，強化帶動與活化在地經濟與產業轉型的政策走向。除了經由政府部門建立地區亮點，帶動城市創新與環境品質提升外，更是設定了以「文創產業」開始在此處紮根，邀請創意工作者進駐街區，實質以新產業移入

與在地產業轉型，作為帶動在地活化的策略。當然，這也引發在地對於產業結構不變，居住社群人口結構的變化，以及對大稻埕地區究竟產生什麼樣的衝擊、影響或改變等等，需要持續觀察與探討的課題。年貨大街持續二十多年的推動辦理，是重新建構、再現了大稻埕的空間意象與價值的重要實踐，也與日後導引至文化產業發展有所聯結。但在進入文創大稻埕的都市發展想像與詮釋之前，讓我們先回到 1988 年的時空場景，藉由掌握當時的「我愛迪化街」保存運動，是如何促成這條街道免於被拆除的命運，改寫了日後臺北城市發展的整體趨勢。

二、「我愛迪化街」保存運動的時空場景

1988 年 7 月，吳伯雄從原本的內政部長職務，改為派任臺北市長，接替原本的許水德市長。吳伯雄擔任臺北市長的任期不到兩年，但應該可說是迪化街免於拓寬拆除的關鍵首長。

臺北市政府於 1977 年即已提出迪化街的道路拓寬計畫案，將迪化街由原本 7.27 公尺，拓寬為 20 公尺。到 1983 年都市計畫土地使用分區通盤檢討時，建議將迪化街兩側進深一個街廓的地區劃為特定專用區，以期能經由現行都市計畫與建築管理法規，更具公平性與考量整理性的方式，進行該地區的規劃、設計與開

發（臺北市政府，2000：2）。但這個方案當時並沒有進入任何法定程序。一直到 1988 年 8 月，因臺北市的第一期公共設施保留地需要辦理徵收開闢，該年七月，臺北市議會通過徵收迪化街計畫道路公共設施保留地特別預算，迪化街即將遭拆除的訊息引發關注，催生出 1988 年 8 月 20、21 日兩天，邀請眾人一起走上街頭的「我愛迪化街」保存運動。只不過，這裡所謂的走上街頭，是邀請市民參加大稻埕的深度導覽活動，認識這裡的歷史風華。但事實上，丘如華老師擔任執行長的樂山基金會，從 1987 年即已經密切地關切這個議題，並展開各方遊說的努力工作，救援行動持續直到 1988 年，才以「我愛迪化街」的名稱，邀請社會大眾共同上街參與關注。

影響這個決策的因素涉及了相關行動者，以下分別從在地居民、民間團體與政府部門等不同向度來再現彼時場景，以期能更清晰地貼近當時的歷史脈絡與社會情境。

（一）在地商家與居民感受的視角
對在地居民來說，最初積極想拆除迪化街建築，贊成道路拓寬方案，主要考量除了建築普遍老舊，衍生著包含漏水，採光不佳等居住品質問題，對「指定古蹟」可能加諸所有權人的諸多管束與限制的抗拒也是重要因素。然而，當然最關鍵的課題還是房地產開發的龐大利益，以及大稻埕傳統產業榮景不再等等，最直

接的產業與經濟收益課題。當時代表地產所有權人的市議員陳怡榮，為「主拆派」的領導人物。陳怡榮的主張，一方面是基於商業區黃金地段龐大的房地產開發利益，他反對指定古蹟，除了覺得限制私人財產權外，他認為迪化街最漂亮的房子都已經拆除了，如果是十年前就發掘迪化街的保存價值的話，他會贊成保留。

　　這樣的論說方式在文化資產搶救的場合上並不陌生。曾經參與過搶救林安泰古厝的馬以工女士，在同年9月2日，於報端投書，抒發這樣的感慨心情：「迪化街大概是臺北市最後一場古蹟保存的論戰了，因為拆到這裡，可以說已經殆盡了。前幾天忍不住還是到現場去看了一下，比迪化街更早的貴德街，包括劉銘傳建六館而著名的六館街、千秋街，幾乎都可以用屍骨無存這樣的形容詞來形容。環河北路的開拓，是造成此一地區浩劫的第一波，榮星合唱團附近辜家、板橋林家的幾種希臘神廟式的洋樓率先被拆。當年財力及影響力僅次於林、辜兩家的李春生，在貴德街歸綏街附近，也有大批的產業，其三層樓仿英國安妮皇后式的紅磚洋樓及毗鄰充滿了巴洛克風味的店鋪住宅，只剩下最不起色的一間，並且殘破不堪。大約十年前，德記及怡和兩座洋行，仍在其發跡的大稻埕上，貴德街南京西路口及貴德街上，怡和洋行更是占地廣闊，全是石造建築。貴德街上還有許多造型獨特精美的茶行，也都早已蕩然無存。」（馬以工，1988）

馬以工文字描述所展現的街市景觀，的確標示著許多因為城市發展與擴張而遭到拆除的過往記憶。從臺北市的城市發展進程來說，「現代化」城市想像的推展腳步，就是要以鋼筋水泥玻璃盒子來替代傳統的合院與洋樓。這種一路一昧地退讓，已經讓所有傳統建築幾乎消逝殆盡。迪化街短短一兩百公尺的建築連續立面與尺度的市街，幾乎已成臺北市區內的孤例。

想拆掉老屋轉而進行房地產開發的另一個更關鍵的因素在於，大稻埕地區當時南北貨與布業的生意遭遇發展瓶頸。大稻埕街區在 1960 年代後，南北貨與高級食材為北臺灣重要的銷售市場。但在生活水準提高後，許多原本屬奢侈罕見的高檔食材，已經逐漸變成一般民眾可以消費的商品；中國大陸諸多可替代性的商品大量進口，也打亂了市場行情。再加上便利商店、超級市場，平價大賣場等連鎖店大量興起，改變民眾的消費習慣與購買模式，也是衝擊迪化街銷售業績的因素之一。舉例來說，在 1988 同一年的新聞報導裡即呈現出，端午節與中秋這兩個重要的傳統節日，向來是迪化街南北貨銷售的旺季，但該年的市場交易清淡，營業額極低：

「業者表示，端午節時，蒜頭、蔥頭、香菇、蓮子等均是消費者所喜愛的商品，可是，因消費人潮不多，原本預期每天可做到十萬元的生意，而今只有三、四萬元。」[4]

「南北貨業者指出，除了大翅、鮑魚等商品受到墨西哥、日本等原產地歉收影響，價格比今年春節前，上漲了百分之十至廿外，其餘商品如韓國蚵干、魷魚、海帶、栗子干、國產金針及韓國花菇等，因端午節過後，該市場交易清淡，售價已明顯滑落，跌幅在百分之廿至卅間。

業者說，部分業者已預料到端午節過後，市況將轉差，所以較不受消費者歡迎的商品，業者早就不再進貨，像大陸香菇，每零點六公斤已跌至三百六十元的低價圈，業者還是不願進貨。」[5]

著眼於銷售成績一直難以翻轉，迪化街的南北貨業者，開始意識到需要調整營業模式，以吸引顧客上門的壓力了。例如，藉著過年期間舉辦食品展等等銷售活動，吸引顧客能夠重新回流。

「臺北市迪化街南北貨業者將走出傳統經營方式，在本月 31 日舉辦大規模商品展，以新的促銷方式，拉回被「便利商店」搶走的顧客，也希望藉傳統年節食品的展出，勾起大家對傳統雜貨店的懷念。……公會理事長簡鴻春表示，近年來，便利商店、超級市場、平價中心等連鎖店相繼興起，使得傳統雜貨商店越來越難維持。而相對地迪化街南北貨的批發市場，除了中秋、端午節及春節外，生意也很清淡，為了讓消費者能再記起許多便利商店中所沒有的傳統食品，公會考慮符合大多數消費者習慣的購物方

式，以商展來喚起大家的注意。」[6]

　　另一個同樣是傳統銷售店舖經營上遭遇的困境。迪化街上的店舖普遍的慣例是週日休市。但有的店家為了爭取更多業績，假日也營業，消費者在缺乏多家比貨的情況下，店家可以藉機調高售價。根據該報導，臺北市雜貨公會理事長指出，過去迪化街生意興隆時，週末假日的交易仍相當活絡，但在近年來勞工意識抬頭與工資調高後，許多店家在週日較難覓得工作人員來上班，連求職者也多不願意在假日上班。有鑒於這樣的情形，臺北市雜貨公會曾邀集迪化街的南北貨業者協調，訂定週日共同休市的規定。但這樣的共識屬於君子協議，沒有強制力，公會成員為了和諧，也多默許違規的情況發生，可能造成週日營業店家的變相漲價：

　　　「臺北市雜貨公會雖然曾邀集臺北市迪化街南北貨業者協調，然後訂定週日休市的規定，但部分業者為了爭得較大業績，竟然『偷跑』；週日也開張營業，並在消費者無法「貨比三家」的情況下，調高價格出售，該公會理事長簡鴻春希望消費者於週日到迪化街南北貨市場採購時，宜注意商品價格變化。」[7]

　　產業面生態變化所牽動的街區經濟課題外，因街區建築較為陳舊，除了一般居民提到的建築老舊、漏水或採光不佳外，最讓居民擔心的還有特種營業的課題。

「當地居民卻透露，如果迪化街保留下來，卻仍維持現狀，只怕藏汙納垢的結果，會被色情行業所攻佔。目前，在迪化街底臺北橋頭附近的幾幢老房子內，已由三重、蘆洲來的色情茶室高張豔幟，目前有二、三家正在裝潢整修中。據瞭解，這些老房子的屋主，很樂意把迪化街無法改建又潮溼陰暗的房子租給色情業者，因為一個月的租金有三、四萬元，押租高達幾十萬，在坐收漁利情況下，屋主並不拒絕色情行業的入侵。」[8]

（二）重要催生者：丘如華女士與樂山基金會

現職為歷史資源經理學會秘書長的丘如華老師，早年任職樂山文教基金會執行長一職。該基金會除了提供清寒獎學金之外，也致力於推動文化藝術教育工作。針對迪化街即將因為公共設施保留地徵收等問題而可能遭到拆除，丘執行長領軍的樂山基金會從 1987 年起即積極地展開包含媒體、學界的社會動員。這些積極溝通的動員工作包含媒體報導、深度導覽、與議員和政府部門直接溝通。《聯合報》自 1988 年的 8 月 1 日到 8 月 8 日，連續八天邀集不同作者或記者撰寫的深度報導專題，邀請社會大眾共同關心迪化街的保存課題；另有電視新聞雜誌節目的影像紀錄報導。邀請許多學者以投書報端的方式，創造輿論；更邀請建築、古蹟、歷史與民俗學者來為民眾導覽介紹迪化街、大稻埕，乃至於整個臺北城的發展歷史，使得「我愛迪化街」保存運動具備深度認識在地歷史地理的教育意涵。

1987 年 7 月，臺灣社會才剛解嚴，各種社會與政治議題浮上檯面，積極衝擊原本高度控管的森嚴體制。包含農民運動、工運、環境運動、母語、原住民、人權、老兵等等議題，環繞著不同的認同政治軸線，交織纏繞著而未能稍歇。但文化認同主體的課題，亦即從原本中原沙文主義為尚，壓抑與否定臺灣本土文化認同與價值的文化論述之爭，在林安泰古厝與鄉土文學運動論戰埋下種子後，「我愛迪化街」的保存運動，無疑是為建構臺灣本土在地漢人移入後的歷史認同，搭建起一個勇於對抗中國傳統大敘事的另一個開端。因此，經過了龐大的社會動員為基礎，樂山基金會拜會吳伯雄市長，傳達所謂的「民意」。

為了讓這樣的聲音可以持續深化，樂山基金會於十月又舉辦第二波的「我愛迪化街」活動，十月的三個周日上午舉辦導覽活動，除了主動與學區內的中小學聯絡，希望師生組團參加，也期待父母親能帶子女來報名，讓古蹟教育可以向下紮根。基金會同時更主張，保存古蹟並非只是靜態阻止街道拓寬，而是也要從專業角度，提出具體而實際可行的方案。因此，在導覽之餘，基金會持續舉辦各種專家演講，讓臺灣傳統建築與民俗的知識教育能持續傳播，也邀請臺灣大學都計研究室等單位，協助規劃提出方案，舉辦公聽會等，以期各方意見俱陳，提供作為政府日後政策參考。1989 年的農曆春節前，又仿照原本的「我愛迪化街」保存運動模式，再次舉辦「看古蹟、辦年貨」導覽活動，成為日後「年貨大街」

的重要雛形想像。

根據當時的報導,「樂山基金會執行長丘如華認為,迪化街的光榮和歷史,是所有臺北市民的,命運決定權不該只由市政府或當地居民決定。」(潘秉新,1988)三十年前,樂山基金會以「民間團體」的身份,作為積極推動在地文化資產保存的公共議題倡議者,在臺灣社會剛歷經解嚴的歷史時刻,能夠不懼於權威,研判時勢與歷史條件,有效地凝聚民間資源,善用多元管道與專家資源,為文化資產發聲,確立了從民間發出、而非僅是官方樣板式的文化資產保存觀點,於今回看,毋寧是相當值得敬佩的遠見與價值。

舉例來說,在 8 月 20 日舉辦「我愛迪化街」保存運動前,8 月 16 日上午,丘執行長即已經到臺北市政府,針對迪化街存廢問題向吳伯雄市長請願。此外,約莫同一個時間點,8 月 13 日的報導,傳出日本某財團有意透過與臺灣某投資公司合作,若迪化街這些建築確定拆除,該公司將買下這些建築,並帶回日本重建復原。樂山基金會的一名董事也前往日本,了解這件事情的始末或具體進展(潘秉新,1988)。這個訊息一出,輿論開始呼籲,不能讓我們的歷史被日本人買走,政府部門也必須積極表態:「臺北市長吳伯雄,昨天上午對日本財團有意蒐購迪化街的磚石、建築,搬至日本重建一事,堅決地表示:『我絕對不容許這種事

情發生！』……吳市長說，日前北市民政局長王月鏡向他報告迪
化街有關細節時，他已明白指示，臺北市現存的歷史古蹟已為數
不多，值得保存者就應亟力維護，我們絕不會讓日本人把迪化街
的一磚一石買去，讓他們重建後，向後代炫耀統治臺灣的光
榮。」[9]

　　在傳聞日本人有意買走被拆除的迪化街建築立面的消息見報
後，固然引起國內社會某種同仇敵愾的情緒，但事實上，樂山基
金會舉辦「我愛迪化街」運動時，也相當清楚必須借助外國友人
或外來團體的力量參與其中。像是當時亞洲基金會駐臺灣的代表
高懿德，以及美國在台協會文化新聞組文化科科長馬琳，都是受
邀的在臺外籍人士。

　　高懿德接受記者訪問時特別指出，「一個民族可以『指』著歷
史看，是一件最值得驕傲的事」，他認為，「迪化街代表臺灣居
住環境的歷史，也是生活品質的一部分，千萬不要為了經濟發展
而付出後悔莫及的代價。」至於居民所關切的生活品質落後，土
地無法增值的問題，高懿德分享了舊金山的經驗：當地維多利亞
式老屋，在當地建築師和環境保護者的共同努力，運用民間投資
基金，在不拆除的修復前提下，想辦法讓老房子被整理得更好，
增加老屋與街區的優雅氣質，成為舊金山地區遊客必遊之地。市
景繁榮後，土地自然也增值了。但他也直言，這個案例能夠推動

成功，在地居民和民間投資者抱持著「公眾榮譽感」是最關鍵的因素。以美國經驗來看，資本家有錢之後，多會希望以贊助方式來參與地方的歷史保存工作，洛克斐勒家族就是相當典型的例子。而高懿德也忍不住提問，臺灣有錢人不是很多嗎？

馬琳則提到自身經驗，她從三年前到臺灣來，「從旅遊資料中就發現了迪化街的特色，也經常帶國外朋友到這條百年小街逛逛，覺得很有樂趣，如今聽說迪化街可能改頭換面，心中覺得非常可惜。馬琳感慨地說，在迪化街已買不到花燈了，難道將來連迪化街都看不到了嗎？」（潘秉新，1988）

根據當時的報紙報導，舉辦第一次「我愛迪化街」運動時，樂山基金會印了五萬份中英文的「迪化街導覽圖及手冊」[10]，贈送給來參加導覽活動的民眾。雖然當時未有明確統計參加活動的人數，但若是以文宣印製數量來推估，可以想見昔日活動盛況，以及所發揮的社會效應。易言之，臺灣文化資產保存工作始終具有街頭打拼的基因，以及強烈的草根血統。另一方面，挪用搶救文化資產措辭，以作為對抗都市親開發議題的替選方案，也具有其歷史根源。樂山基金會與迪化街保存經驗，藉著各方作用者參與及議題的開拓，打開了城市保存工作者建構文化公共領域的可能性。

（三）公部門技術官僚專業價值的支撐

　　前述提及，決定迪化街是否拓寬的重要決策機制之一為臺北市都市計畫委員會。事實上，從樂山基金會發出將舉辦「我愛迪化街」保存運動後，相關專業部門與關鍵人物也開始發出政策訊息。

　　例如臺北市都計委員會及市府作業單位，於八月初，均紛紛表達出支持適度地保留迪化街的意向。當時的都市計劃處處長卓聰哲接受媒體訪問時表示，該處草擬的「迪化街特定專用區計畫」，綜合了都市計畫委員及當地住戶意見，將該街區分為「適度保留」及「全部保留地區」兩個層級；針對不擬保留可拆除重建地區，則要求一致的建築風格，進行街道景觀的管制，但都計單位將以輔導及適當的獎勵方案，來推動街區的保存工作。而負責執行特定區計畫審查作業的工務局二科許志堅股長則是透露好消息指出：「由於特定專用區計畫已在審議階段，原來迪化街的拓寬計畫可能會緩下來。」

　　另一方面，擔任臺北市都市計畫委員會的成員、學者專家則都傾向於保存迪化街原貌，不應拆除拓寬。召集人辛晚教指出：「目前政府保護古蹟的相關法令和措施都相當欠缺，因此無法全盤照國外的徹底保存，辛教授認為原則上當然要保存，但遷就現況，保存的程度將有調整，他的構想將以迪化街的活動形態及社區關係為主，而不只是保存建築，但對拓寬拆除的建築，重建時仍應

強調傳統風格。同時不能破壞店住合一的居住型態。」

　　經建會的顧問張祖璿認為，古蹟保存應該是政府與人民共同
合作的事物，以都市計畫的理論觀點來看，迪化街這樣的街道當
然應該要保存，但是仍然應該尊重當地居民的意見，應以達成共
識為宜。文化大學前建築系主任曹奮平教授則強調。如何透過都
市計畫的手段，來建立都市的特色。特別是以臺北市的城市發展
來說，迪化街是臺北市相當稀有僅存的特色。如何透過都市計畫
技術與溝通，全盤的計畫，詳細考量當地居民權益，適度轉換其
權益，應可引起當地居民的共鳴。[11]

　　8 月 15 日，一篇名為「拆掉迪化街？言重了！」的報導出現，
其內容主要是替臺北市政府都市計畫相關單位緩頰，強調其專業
價值同樣致力於文化資產的保存與維護。特別是眼見著是否拓寬
已成為彼時社會上的爭端，公部門似乎很容易被歸責於保護文化
資產不力。但根據該篇報導，都計處的人員表示，其實早在 1983
年，即已經提出想要維護迪化街現有街道景觀與建築立面的意見。
他們的初步構想是，「維護迪化街洋樓、街面的景致及該地傳統
商業活動的風格；因此迪化街沿街建築均應設置具古風的拱廊式
騎樓，且計畫道路範圍內新建築物不得超過三層樓；並將電信、
電力管線地下化，美化招牌和街道鋪面。若市府通過此專業，都
計處更將爭取把迪化街改為行人徒步區。」（洪淑惠，1988）

都計處所擬迪化街特定專用區計畫，是依建築物的保存價值及完整程度，將迪化街建築分區處理，預計分為全部保留、部分保留、仿古修建、拆除重建及一般建築等五種方式處置。初步劃定的迪化街保留區段，南起永昌街海霞城隍廟，北至歸綏街，其餘地區則考量或因破敗不勝修復，或改建不復舊日風貌而不具保留意義。此外，針對可能因為公共設施保留地徵收範圍問題，一併處理拆除計畫的疑慮。都計處也提出解釋，即使政府依法徵收迪化街的公共設施保留地，屆時可能是利用土地移轉，將迪化街納入市府財產，由市政府統籌管理，再出租給原居民經營。

　　然而，都計處的提案，卻被相關單位依再決議「保留」，無緣面世。正是因為保存或拓寬的爭議浮上檯面，才使得都計處早先的提案規劃，得以藉此提上檯面討論。換言之，都計處的官員也不得不表明，在這個各方意見膠著的現況中，迪化街最後的風貌與命運，仍是高度取決於民意，而非僅由都市計畫或保留地徵收拆除來決定。由於拆除與保留兩方意見旗鼓相當，都計處以政府公務部門的角色，也僅能再三強調自身「盡力維護歷史資產」的專業價值，而這些熱心推動保存迪化街的社團和專家學者，應該是足以左右迪化街命運的關鍵作用者。

三、媒體傳播的能量

　　《聯合報》以「搶救永遠的迪化街」為題，進行一系列共計八篇的專題報導。這些專題報導邀集了重要的文化菁英，涵括主題從迪化街的歷史、建築美學、產業經濟發展、民俗技藝與傳統音樂，也試著搜集整理不同國家的歷史保存經驗，以期能將臺灣當時正萌芽、且訴求在地傳統的文化保存能量持續拓展與擴大。

　　仔細審視這些報導內容，想像當時的社會情境與人們身處的生存環境，似乎也如同帶我們回到那段時光，重新端詳歷史的樣貌。

　　專題的第一天，記者以「一個世紀以前的忠孝東路黃金段」來形容迪化街，雖然沒有時下最流行的速食店與 KTV，但這個誕生於清朝咸豐年街的街道，走過日治時期，百年以來，仍是臺北獨一無二的線型商業街道，以優雅的建築和傳統產業銷售，完整地保存這百年來的新舊交會景觀（陳長華，1988）。[12]

　　第二天，記者江中明簡要介紹了迪化街百年的發展歷史。故事從咸豐年間的林藍田移居說起，建立今日迪化街上最早，且仍保存完好的「林益順商舖」的故事。接下來頂下郊拼與同安人移居於此的歷史，以及咸豐八年的天津條約，淡水開港，共同成就今日迪化街中街開展的黃金時期。然而，不論過去歷史如何精彩，

保留街道的意涵，「為迪化街的拆遷不存而大聲疾呼，並不僅是在意硬體和舊有風貌的不存，更在意的是迪化街生活的人的歷史是否還能延續。」（江中明，1988）[13]

8月2日同一天，另一篇報導是採訪了幾位海外學人，這些多在國外大學文化藝術相關學門任教的學者，乃是應邀回臺灣參加國建會，為當時國家發展提供建設性意見的。針對迪化街可能面臨拓寬與拆除危機，這些學者的意見多主張歷史的重要性。舉例來說：

> 「加州大學斐斯那分校資深歷史教授張緒心博士說，美國大學不管那個學院都要修一門課『古蹟保存』，美國不過兩百年的歷史，就這麼重視過去的保存，重視歷史意識，可以瞭解這對成熟民族性格的養成極為重要。」

> 「義大利貝魯甲大學漢學教授張銅女士認為，古蹟的拆遷存廢，除了它自身存在的歷史意義，民意的考慮也非常重要，不只是由當地人決定，臺北市居民的意見也應參考；她說迪化街若是一個仍延續活動軌跡的良性機體，那麼它在民間生活史的意義，高於無生命的硬體建築。」

> 「馬里蘭大學東亞音樂研究所主任梁銘越也認為，維護迪化街

的問題，應以民主方式廣泛進行民意調查，且應加重文化階層的意見，如能保留下來，也應做好『活的規劃』。他說，保存古蹟特別需注意的是『活的歷史』的保留，百聞不如一見，有些銘心刻骨的歷史軌跡或事件，不是光看教科書就能了解的。」[14]

從前述幾位返國學者專家的意見來看，均強調文化保存的重要價值不僅僅在於硬體建築本身，更重要的是生活軌跡所代表的意涵。另一方面，歷史保存對建立集體認同有其不可忽視價值，是公共政策應該思考與介入的議題；然而，這樣的公共議題的決策，不會只限於當地居民而已，以城市為尺度，其他市民的意見也應該作為決策判斷的參考依據。這些意見大致與樂山基金會所倡議，不僅限於保存硬體建築，而是與將在地生活軌跡與文化經驗均納入考量的「整合性保存」概念相呼應。借重國外學者專家意見的傳達，有助於強化輿論效果。

8月3日，國內首屈一指的建築史與古蹟專家李乾朗老師，以「巴洛克，重新凝視你的美！」為標題，娓娓道來迪化街歷史發展的故事，以及建築美學和諸多設計細節的闡述，被視為是第一次有系統地介紹迪化街店屋建築的重要紀錄。同時，這份文字資料也成為樂山基金會舉辦深度導覽時，提供給市民的參考文件。

李乾朗指出，「在迪化街瀏覽各種不同時期的建築外觀是一種

享受，建築物的每一個立面都在向我們傾訴那個時代的審美。」雖然部分建築已經經過修改，但根據李老師的分類，大致可以區分為「清代」、「民初」、「三○年代」等三種風格，其中「民初型」的較多。而依據他的調查：

「『清代型』的店舖建築多舖瓦頂，外觀較低，店面是用木板作的，騎樓的柱子多為紅磚柱。在店門口屋簷之下，我們常可看到一根可以懸掛紙燈籠的木橫樑。這種老店舖通常掛著老式匾額店號，賣的東西也以南北貨居多。目前迪化街二段仍存數十棟。」（李乾朗，1988）

「『民初型』店舖多建於一九一○及二○年代，即日據初年。這種建築多為紅磚造，橫樑是石條。如果不作橫樑則運用半圓拱，柱子也多以磚砌成，因此其外觀傾向於洋樓的趣味，當時人稱之為『番仔樓』，實即從廈門一帶傳進來的十九世紀西歐巴洛克式建築風格。這種洋式裝飾的建築多為二層樓，外觀非常華麗，迪化街一段有好幾棟為三層樓，裝飾技巧精良，相當壯觀，可視為民初型店舖建築的代表。」（李乾朗，1988）

「『三○年代型』的建築正確地講，應屬於初期的現代建築，它的樣式較民初型簡單，但仍有少量之裝飾。包括了當時歐美流行的『國際樣式』、『藝術裝飾派』（Art-Deco）、『表現主義』

等風格，這種建築象徵著本世紀以來臺灣近代化的歷程。」（李乾朗，1988）

除了建築之美，李乾朗也特別強調，街道是城市生活的舞台，保存迪化街不僅是為了都市景觀與歷史記憶，更重要的是，保持目前友善行人購物尺度的商店街型態，應該也是對居民生活最有利的模式，因為一旦道路拓寬，車輛可以快速流動，行人難以在此自由選逛，對於迪化街的商業模式應該才是衝擊最大、也是最不利的。[15]

幾天連續的報導後，報紙上已經開始出現讀者投書，積極主張應保留迪化街，而當時的文建會主委郭為藩，也在輿論聲浪中，邀請古蹟專家林衡道先生，一同拜訪迪化街，隨後並與當時的內政部長許水德交換意見。根據記者的報導，郭為藩認為：「迪化街固然有商業的特色，但是街道兩側的建築經過多年來的演變，置身其中，很難發思古幽情。就他徒步該街道的觀察，若干高樓顯然是近兩年興建，從這一點多少可以了解當地住民的想法。」

「文建會站在幕僚的立場，只能做和相關部會協調的工作；但如果是決定拓寬街道，文建會則可以在能力範圍內，規劃該區域內的古宅或紀念性建築物，成為史蹟館。……迪化街在舊時代人

文薈集，也有不少知名商行，因此從事『點』的維護，也是一種方式。」

　　郭為藩話語中的模稜兩可，或許傳達了臺灣當時對文化資產保存的無奈。事實上，根據丘如華老師指出，樂山基金會最初就是去找郭為藩協助此事，她強調，沒有郭主委居間協調，可能很多事情無法落實。然而，從制度面的設計來看，行政院文化建設委員會所謂的「幕僚」與部會協調的功能，對於急需積極介入的文化資產保存工作，助力有限，這也是民間社會一直期盼文化部成立的關鍵因素。另外，當時文資法中僅有「古蹟」的文化資產類型想像，也較難從市街、聚落等線狀與面狀視角，看待歷史建築群聚保存維護課題，只能以點狀維護的方式來思考，論證了當時《文化資產保存法》的高度侷限性。

　　8月4日，搶救「永遠的迪化街」專題之四，聚焦於迪化街的「人文經濟」活動，新聞標題為「綿亙不絕的傳統經濟博覽會」，相當傳神地表達出這條街上豐富常民生活的消費百態。

　　「不管從大橋頭往回走，還是打南京西路往北走，迪化街不單有聲聞萬里的南北貨、藥材、布疋行業，更還有從尿布一路賣到殯葬各種民生用品，非但是個自足體系，也還對外地扮演供應者角色，具體而微的反應出大社會經濟活動的縮影。」（陳長華、

王維真，1988）

　　這篇報導訪問到當時七十六歲的洪愛治女士。洪女士1912年
出生，是南街第一代布商的女兒。在她的記憶中，民國12年，
1923年左右，南街幾乎都是小型零售布商，綢緞為大宗。貨物主
要從日本輸入，即台人向日本大賣商批貨。五年後，約莫1928年
左右，這裡才開始有中盤進駐，帶來臺北近郊、基隆與淡水等地
的客人。位於城隍廟左側的永樂市場，日治時期除了販售各類魚
肉雜貨的賣店外，也有諸多布店構成的布店區。但二次大戰時期，
布店區拆除改為防空地，光復後再興建，規模擴增為布市。

　　根據洪女士的回憶描述，南街在光復後才陸續出現藥材行。布
商則是轉到市場內集中。但有意思的是，以前南街主段幾乎看不
到布商，但今日反而形成布市。至於北街則幾乎是老字號的傳統
商家，包含打棉被店、製冰店、竹藝品店、金紙店、香舖、農具
行、碾米廠，繡莊佛俱店、五金行與食品雜貨店等等。此外，李
亭香餅店位於巷口的「賣雞巷仔」，巷內販售雞籠等等與養雞相
關的各式產品，如今已不復見。而涼州街原本被稱為「獅館巷」，
曾經是許多布袋戲團匯聚所在，許多有名的掌中劇團，如許王、
小西園等，都在這裡設有辦事處；鼓陣、獅陣、軒社等等，更是
當時迎神賽會、婚喪喜慶、傳統祭儀等不可或缺的要角。

8 月 5 日的系列報導，則是以「曲樂藝文」作為主題，以繪畫戲曲等等曾經在這裡風華璀璨的各種藝術文化表現，來陳述著大稻埕的過往。

　　「南街殷賑圖」是許多人描繪迪化街早期繁茂市景的重要圖像記憶，畫家郭雪湖即是迪化街北段的在地子弟。而郭雪湖習畫學藝的「雪溪畫館」即位於霞海城隍廟旁，畫館主持人為蔡雪溪，當時也替人裱畫，兼作神像畫，其門徒眾多，郭雪湖為其最知名弟子。蔡雪溪的畫作不僅多次入選臺展與府展，1936 年創設「新東洋畫研究會」，畫館內經常有文人墨客走動，是在地重要的社交場所。

　　根據這篇報導指出：

　　「郭雪湖以外，老畫家楊三郎、張萬傳、陳德旺、洪瑞麟、呂鐵舟等都和這一條街也有著親密的感情。而舊日大稻埕的文人林獻堂、楊肇嘉、顏國華等都是熱心的贊助人，畫畫的人和愛畫的人，共創了迪化街不凡的色調。」（陳長華等，1988）

　　除了繪畫，迪化街與音樂與民俗方面的表現也不容小覷。每年農曆五月十三日的霞海城隍廟大拜拜期間，以音樂為主的隊伍即包含了南管、北管、鼓吹與西樂等等；以陣頭雜耍為主的有獅陣、

龍陣、宋江陣等；藝閣、蜈蚣閣、水族閣、八仙過海等等。靈安社、
共樂軒、平安樂社、德樂軒這四大軒社的民間社團，歷史悠久。
透過各種廟會遊藝表演，不僅提升大稻埕地區的戲曲發展水準，
永樂市場內也陸續有攤販票有自組團體，如魚販組成「金海利」、
雞販「鳳鳴社」、豬販「金萬成」等戲曲票房，北管鼎盛一時。

台語歌曲「望春風」、「補破網」、「四季紅」都是從迪化街
誕生。作詞人李臨秋誕生於雙連，世居於此，曾任職於鄰近的永
樂座。其故居目前已於 2009 年經臺北市政府登錄為歷史建築 [16]，
以傳達臺灣流行歌謠史重要人物的歷史與文化資產價值，其創作
實為珍貴的無形文化資產，該建物代表著名人故居所展現的歷史
及藝術價值。

1924 年開張的永樂座，可以說是迪化街文化活動的鎮山石。
日治時期永樂座的演出以京劇、話劇和歌仔戲為主。光復初期，
上海與福州京班是永樂座的常客。1948 年 11 月，顧正秋率領「顧
劇團」前來公演，成為永樂座歷史上的燦爛時光。雖然顧正秋曾
經形容，跟當年中國沿海通商埠口劇場相比，永樂座是「最糟糕
的戲院」，但顧正秋卻在這裡連續搬演了五年，不僅帶動臺北城
的京劇風潮，其個人風采與藝術魅力，充分展現當代的時尚風華。
顧正秋曾經回憶這段「刻骨銘心的日子，最令她感動的是，附近
做買賣的批發貨商，一直是她最忠實的聽眾。像許丙夫婦、陳清

汾夫婦、張道藩夫婦都是她敬重的長者。而直至今日，每次顧正秋參加義演，仍有不少本省老觀眾，甚至坐著輪椅來看戲。」（陳長華等，1988）

顧正秋在永樂座演出京劇的故事，支撐了大稻埕被稱為「戲窟」的歷史根源之一，串連起來自中國大陸劇種和臺灣在地表演形式同在歷史舞台上的榮景。更重要的是，這個由京劇名角偶像在大稻埕創造出來的風潮，雖然因為顧正秋嫁為人婦、暫別舞台而告一段落，但顧劇團成員在劇團解散後，進入各個不同劇團，成為京劇得以在臺灣落地生根、開枝散葉的起點之一。

8月6日，專題系列報導的第六篇，以霞海城隍的報導為題，標題「商教合一的祭典盛會」，娓娓訴說著城隍信仰跟在地商業發展密不可分的歷史。

從日治時期開始，每年五月十三日的霞海城隍祭典即是全臺灣的一件大事。從五月一日起，各地善男信女即陸續前來進香。初八日傍晚，城隍老爺派五營兵將到轄境的各土地廟，駐在地方，除妖掃魔，稱之為「放軍」。十一、十二日晚上，城隍老爺派遣旗下將軍們出巡各大街小巷，捉拿妖魔鬼怪，平靖地方。十三日中午起，城隍老爺的神轎在各種軒社和獅潮洶湧，攤販蟻集。人潮蜂擁而至與萬頭鑽動的景象，也因此有了「五月十三人看人」

的說法。

　　大稻埕為商業場域，商人組織自然是管理地方公共事務的主角。霞海城隍廟由大稻埕「北郊」、「南郊」與「廈郊」這三個商人組織所共同支持的。「北郊」為從事對華中、華北各地的貿易。「南郊」是指從事對南洋貿易者，「廈郊」則是跟廈門貿易者，這三郊的人士輪流擔任「頭家」、「爐主」，爐主同時也負責該年的祭典事宜。祭典是地方眾人之事，「爐主」也就成為地方上的實際領袖。易言之，霞海城隍廟一年一度的祭典與拜拜均是由商人主持。

　　由於大稻埕的商人是做進出口批發生意，貨品需要倚賴中南部各地中盤商和零售商才能銷售出去。大盤批發商跟各地方的中小盤商如何建立穩定的銷售管道，是相當重要的課題。特別是彼時人口較今日少，各地對日常雜貨買賣需求也不是很大。中南部的中小盤商北上配一次貨，即可能足應付往後一年的銷售。西部縱貫線鐵路建成後，帶來陸上交通的便利，中南部鄉下的小商人有機會到臺北大城市來走走，一面做生意，一面兼看熱鬧。對大稻埕的這些大盤商來說，如何藉著熱情款待籠絡顧客，以維持住銷售管道，是重要的生意經。故在日治時代，霞海城隍祭典的令旗可以插遍整個中南部，其影響力可見一般，鐵路局甚至為了因應大稻埕商務的需要，加開班車來運輸數量龐大的旅客和貨物。這

可以說明何以劉銘傳一開始規劃臺灣西部縱貫鐵道時，必須在大稻埕設站。縱貫鐵路建成之際，也是大稻埕走入商業經濟最輝煌的時刻。

根據之前鐵道部的統計，每年大稻埕城隍廟祭典時，外來的遊客大約在三、四十萬人之譜。加上臺北市各區和鄰近鄉鎮的香客，參與祭典活動的人數在六十萬人左右。也就是說，約有當時全臺灣五分之一的人口參與祭典活動，可見盛況一斑（宋光宇，1988），也再次凸顯了當地宗教信仰和在地商業活絡發達兩者間的緊密連結。

系列報導第七集，以歐美日等其他國家的經驗，作為臺灣可茲學習借鏡的他山之石，特別是臺灣的《文化資產保存法》甫於1982年公布施行，國內社會才正要開始學習如何保存與維護文化資產的課題，彼時，距離迪化街的拓寬危機，也不過六年，經驗、資訊、識見及專業知識的局限性，的確也是推動迪化街保存時面臨的結構性困局。在這篇報導文中，記者列出了許多各國案例，包含美國首都華盛頓特區、喬治城與波士頓地區的街區保存模式；日本京都的傳統街道保存、祇園的傳統祭典與觀光活動的並存經驗；歐洲如何以經濟觀點來促成古蹟維護的具體做法等等。然而，無論這些國家與城市的歷史保存經驗為何，計畫保存區的居民必須先抱持著「與有榮焉」的正向態度，這些從經濟效益出發的文

化保存工作，才可能推動。臺北迪化街是臺灣重要的文化街道保存機會，而歐美和日本則是提供我們參考經驗的鏡子（陳長華、張伯順，1988）。

「搶救永遠的迪化街」專題系列最後一篇，則是以「五百年後再看迪化街」為題，提出「人文重建篇」作為系列的尾聲。

這篇由記者卓亞雄撰述的深度報導，首先舉了南韓政府的例子為引，反諷我們的歷史觀缺乏遠見：著眼於想要讓五百年後的南韓子民能知道當年先人的生活樣態，首爾市政府著手將當代的服飾與生活器物預先掩埋，希望日後子孫們能從這些考古挖掘，了解過去的歷史發展軌跡。相較於南韓首爾市政府的積極作為，臺灣卻正在拆除蘊含城市發展豐富文化的歷史性街道。

卓亞雄一方面批判文資法僅照顧單棟建物，無法全盤性地從聚落或是市街尺度，關注迪化街這類仍在持續使用，具有活的歷史意義之有機體的保存維護工作。另一方面，他也質疑攸關迪化街保存命運之「迪化街特定專用區」的都市計畫攻防。執行都市計畫任務的關鍵機構，乃是依據《都市計畫法》組成的「臺北市都市計畫委員會」，委員會由專家委員、機關代表與議會代表共同組成。機關代表有其特定角色，議會代表通常不是關心有限，就是基於選民利益問題，難以從創造或保有都市文化特色的角度來

參與討論，而專家委員多僅為都市計畫專長，對於人文史蹟課題缺乏專業性的理解，使得迪化街這類具有人文史蹟價值的特殊地區，在規劃上很難以周詳。

易言之，卓文的評論焦點，主要聚焦於公部門在政策思維與都市發展等層面，均無法提出足以讓人信服的觀點與作為。不僅臺北城市發展不具有自己的特色，即使有著迪化街如此具有歷史意義的街道都不懂得要保存，反而是盲目追求西方城市的特色。再從更深層的民族性格來說，往往習於「除舊佈新」，不重視自身的文化特色與價值，這個病徵的深刻原因來自於現代中國人不具有歷史意識，過去再傑出的成就與表現，也無法獲得尊重與珍惜：迪化街如此饒富歷史意義的街道，竟然是淪落為要「搶救」，反映出國人更應該搶救自己自絕於歷史、文化的這個絕症。迪化街是否能夠保存下來，成為檢視國人是否關注自身歷史的指標：

> 「沒有一個拋棄歷史的民族，還能贏得世人尊重；也沒有一個不要過去的國家，會有光明的前景，迪化街能不能成為永遠的迪化街，正扮演著指標角色。」（卓亞雄，1988）

卓亞雄的犀利批判透露著憂心。擔憂著國人普遍不關注自身的歷史文化傳統，以及公部門政策思維的侷限，使得迪化街拓寬危機似乎即將引爆。然而，不可否認地，經由《聯合報》一連八天

的系列報導，在當時公共媒體仍相當有限的歷史情境，經由紙本
報紙的媒體公器，的確創造出支撐迪化街保存的某種氛圍。許多
讀者投書也陸續見諸報端，表達支持文化保存的正向態度，批評
過往經濟掛帥的建設取向，無視於對自身歷史文化的漠視無感，
以及政府部門主管機關的荒腔走板。《聯合報》的社論也支持這
個批判觀點，主張我們已經過了全然經濟掛帥的階段，應該有餘
力來做些發展經濟以外的事情，例如，改善與提高國民生活素質，
以及全體文化財的保全，顯然都是這個時刻應該要積極作為的事
務。換言之，所謂的現代和傳統之間，已經不再只是單純的二元
對立關係；都市發展建設與兼顧土地建物所有者的個人權益之餘，
應該要有足夠的智慧，以集體利益極大化的角度，尋求兩者之間
的平衡和調適（聯合報社論，1988）。

　　另一篇記者特稿顯然也是想藉由媒體的力量，鼓勵當權者能充
份考慮決策品質與其影響力。

　　記者周恆和以「不要專挑＇軟柿子＇吃！做個＇強勢市長＇要
勇於面對敏感難題」為題的特稿，鼓勵當時甫上任一個多月的吳
伯雄市長。特別是吳伯雄上任後也曾經提出，臺北市政府過去經
常以組成專案小組的模式來討論許多市政問題，吳市長認為，這
樣的做法是不負責任的。當他決心要揚棄前任市長被戲稱為「規
劃市長」的作為時，各界給予相當高評價。如此一來，各界期許

於吳市長「不要盡挑軟柿子吃」，應該勇於面對許多敏感而不討好的難題，向市民證明，他的確是個強勢有為的市長。例如當時七號公園內是否要蓋體育館，與給市民完整綠地之間的爭議，以及迪化街特定區的定案也是如此。這篇特稿裡特別提到，吳伯雄自我期許不會只是一個過客市長，要為臺北市民留下一些東西（周恆和，1988）。

記者以特稿書寫的文字來傳達對市長與市政發展的期許，這樣的期許是否產生作用並不可考，但值得關注的是，此刻，後設地來說，迪化街當時能夠免於拆除拓寬，公部門的專業介入，仍然是相當具有決定性的因素。民間力量的發動或許可以視為，公部門專業者面對體制困局時，相互看見與彼此支撐的重要夥伴力量。

四、從都市計畫到文化資產保存路徑上的披荊斬棘

8 月 21 日、8 月 22 日連續兩日，樂山基金會舉辦「我愛迪化街」古蹟導覽活動結束後，翌日，臺北市政府即於 23 日的市政首長會報中，由工務局出面成立「迪化街特定專用區專案」，負責檢討有關迪化街古蹟維護與都市計畫發展，如何達到兩者間平衡。吳伯雄市長當場裁示，在專案檢討尚未有定論前，暫緩任何迪化街拆除的工作。接下來，在 26 日，市政府召開都市計畫公共設施

保留地檢查小組的第一次會議，經由討論暫緩開闢迪化街，小組也決議撤銷迪化街公設保留地預算十四億元。

　　依據公共設施保留地徵收計畫，第一期取得作業應於九月六日前辦理取得，迪化街即在第一期的徵收範圍內。而該會議討論決議撤銷預算的主要考量有三項：包含社會大眾各界認可迪化街的保存價值、公部門專業幕僚單位已經提出具體方案，加上市長也表達認可之意，使得迪化街拓寬的爭議與壓力，算是稍加舒緩。可以想像的是，如果市政府都市計畫單位未能提出有效的專業評估與具體方案，這個經由民間所發動，公部門專業支援所共同策進的街區保存計畫，或許早已胎死腹中也未可知？

　　前述提及，從制度設計面來說，文建會的行政院幕僚角色難以具體施展文化資產保存工作。但在臺北市政府作出決策後，文建會則能夠取得較為明確積極的角色，有所施展。27 日，文建會在郭為藩上任後的第一次月會，即將迪化街案列為重要討論項目。聽取臺北市政府工務局報告「迪化街特定專用區都市計劃案」後，會議決議為，建議臺北市政府應該進一步委託專家評估迪化街特有風貌，以及調查住民意願，作為列入文化資產保存的相關資料。形同直接定調、促成、確立了迪化街的保存。

　　在當天會議中，工務局的報告內容提到，之所以採取都市計畫

的政策工具，制定「特定專用區計畫」，除了推崇各單棟建築的風格及藝術價值，肯定現有七點八公尺的街道寬度符合人性尺度，是形成親切、生動且變化多端的市街景觀主因；更進一步肯定迪化街為臺北市的都市空間建立重要架構，形成臺北市的獨特意象。都市計畫案中對現有的建築物，將以保存現有精美立面及拱廊式騎樓、配合仿古風格重塑立面及騎樓等不同方式，來保留迪化街特色；至於迪化街的寬度，則以保留下來的建築物牆面線連接，來決定路幅寬度。從這些細節的描述，可以想像都市計畫體系有著相對較多、屬於執行層面的實務經驗，能夠支撐都市歷史保存的系統性運作。但行政院文建會雖然背負著眾人的期待，並且是以行政院大委員會，協助行政院長擔任文化建設方面的政策幕僚工作，參與會議者也多為內閣中重要且層級很高的成員。例如在當次討論迪化街保存與否的會議中，出席者有行政院祕書長錢純、內政部長許水德、國防部長鄭為元、教育部長毛高文、交通部長郭南宏、外交部長連戰、僑委會委員長曾廣順、新聞局長邵玉銘以及蔣復璁、侯健、徐佳士、申學庸、王洪鈞等專業學者，但對於文化資產保存的觀照視野，顯然還是剛起步而已。

於今觀之，當年都市計畫部門在第一時間的前線作戰，把握時間、有效地讓戰場留下來，第二波的文化資產部門才開始進場。這也的確是考驗臺灣昔日文化資產保存從法規、政策到實務都仍在萌芽成長階段，許多機制面結構性的限制，資源的不足，文化

資產保存論述與實踐經驗有限，加上文化主體性與認同的問題長期懸而未決。相較於都市計畫法令體制面的相對成熟，政策工具較多元，文化資產部門的進場，或許才是保存迪化街區文化資產價值挑戰的開始。

本章試著從民間團體所發起的「我愛迪化街」運動、專業者的價值，以及媒體作用等三個向度，回望歷史中的迪化街保存過程。在這個重新拼湊歷史記憶的過程中，找回與大稻埕歷史發展相連結的點滴片段，重新帶回到當下的理解與詮釋中。一如本章開頭所言，所有的歷史都是當代寫就，我們打算以什麼樣的姿態來面對我們的過去，或者是重新尋覓在過去有什麼可共同依慕的故事，足以描繪出一個「我們」的樣貌，來重新想像我們曾經一起打拼奮鬥過？

歷史片段與資料的掌握的確仍仗大量的重新拼湊。在這個掇拾碎片的漫長過程裡，更需要想像力來幫我們說說故事。這一章，我們從民間團體在解嚴後的街頭奮鬥，看到媒體打開文化公共領域的對話討論，更看到文化治理如何透過公共政策的進退拉扯之間，穩固、確保其正當性。歷史的想像還可以再多一些嗎？

⁴ 豪雨使生意大受影響 迪化街端節「歉收」，【1988-06-19/ 經濟日報 /10 版 / 商業二】。

⁵ 南北貨交易清淡 迪化街車馬稀，【1988-07-06/ 經濟日報 /16 版 / 商業二】。

⁶ 林美姿，南北貨忘不了迪化街 突破傳統經營方式 老字號辦商展促銷【1988-12-29/ 聯合晚報 /08 版 / 生活】。

⁷ 週日迪化街「加班」 當心南北貨「漲價」，【1988-11-07/ 經濟日報 /16 版 / 商業 2】。

⁸ 潘秉新，迪化街 揚'黃'塵 老房子張豔幟 名街古風變'色'，【1988-08-17/ 聯合晚報 /09 版】。

⁹ 迪化街永遠在臺北 吳伯雄絕不容許被日本人買去，【1988-08-17/ 聯合報 /05 版 /】。

¹⁰ 另有一篇報導為十萬，參見潘秉新，1988，拓寬迪化街 兩種聲音交織 市府有意'留下歷史' 大多居民'渴望現代'，【1988-08-15/ 聯合晚報 /11 版 / 生活】。

¹¹ 迪化街，你不要走…臺北怎能沒有人文特色！，1988-08-05/ 聯合報 /05 版 / 文化 · 藝術。

¹² 陳長華，專題企業報導 —— 現場目擊篇 搶救永遠的迪化街，【1988-08-01/ 聯合報 /05 版 / 文化 · 藝術】。

¹³ 江中明，搶救「永遠的迪化街」 —— 人文背景，它是一部臺灣史的縮影 (8.2)【1988-08-02/ 聯合報 /05 版 / 文化 · 藝術】。

¹⁴ 關心迪化街 · 檢視迪化街聽聽學人怎麼說古街拆否兼顧歷史與民意活

的規劃最重要，【1988-08-02/ 聯合報 /05 版 / 文化 ‧ 藝術】。

[15] 李乾朗，1988，搶救「永遠的迪化街」專題之三，巴洛克，重新凝視你的美！【1988-08-03/ 聯合報 /08 版 / 文化 ‧ 藝術 ‧ 萬象】

[16] 李臨秋故居因產權複雜，共十九人共同持有，其中所有權人提出分割共有物，順利拍賣後，依持有比例分錢。故房屋於 2020 年 4 月間遭到法拍，得標人以 3428 萬元拍得。李臨秋的兒子對於無力購回父親故居，感到遺憾失望，雖曾求救臺北市文化局優先承購未果。日後所有權人會如何對待該處歷史建築，目前仍未有確切訊息。

孫仁鍵　繪
2002.5.5 台北大稻埕

第三章

從家庭到城市：大稻埕中的女性

一、臺灣女性的在地歷史與空間現身

（一）臺灣女性的歷史面貌？

在第二章裡，我試著用不同的歷史角度來訴說大稻埕過去的歲月。在這一章，我想提出一個嘗試，或者說是提問：我們可以用女性生命經驗來理解城市嗎？[17]

性別研究早期從尋找女性的故事開始，想藉由重新書寫歷史，找到翻轉原本歷史論述與觀點的可能性。因此，在研究與寫作的策略上，從女性生命經驗出發，或者是翻找過往女性長期被忽略的歷史故事，是兩個經常被使用的策略。這個策略的先天性限制在於，為了尋找既有體制結構中，女性的生命經驗與故事，因此，不可避免地是以既有的異性戀父權體制脈絡為根基，未能從根本地顛覆這個體制，也往往容易受到挑戰，認為這樣的討論不具有解放性的意涵，特別是無法處理女性主體與情欲特質，以及逐漸多元的性主體論述。然而，即使有著這個結構性的論述限制，我仍忍不住想問，要建構以女性為主體的歷史視角，臺灣女性的歷史要從哪裡開始觀察呢？

2015 年，臺灣歷史博物館出版了一套兩本的《臺灣女人記事》，記敘了從 1636 年到 2007 年的臺灣女性歷史。這個女人大事紀，以統治者來分期斷代，分別是：1636 年的清領之前，

1684-1895 的清領時期，與 1896-1945 的日本時代。相當有意思的是，在日本時代之前，特別是清領時期，與女性歷史有關的故事，均環繞著節孝牌坊的故事。

比較簡化地來說，如果承襲著既有的歷史教育模式，我們信任我們眼前所看到的史料或歷史教材，如此一來，我們對臺灣歷史中女性圖像的想像，就只剩下為已婚夫家早逝男性的守寡女性形象。然而，歷史上女性的樣貌，就只有這個形象嗎？應該不是吧？然而，從史料來看卻又是如此簡化與狹隘，除了寡婦之外的女性形象均不被記憶，也不被鼓勵認識。換言之，我們自然無法得知，除了這個單一的形象外，歷史上的女性，都在做些什麼呢？但或許還有另一個發問是，是什麼因素造成歷史中的女性僅有如此單一的再現樣態？是哪個環節出狀況？何以致之？是哪個時代與心智狀態的產物？

無獨有偶地，國立臺灣歷史博物館的常設展展場中，同樣有著一個關於女性與近代化的小展示。這裡的展示時代較為貼近我們的時空記憶，講述的是臺灣最初的女性職業，在臺北的大稻埕出現了女性的接生者 —— 產婆，還有臺灣最早的女醫師蔡阿信，以及謝雪紅的故事。這些在博物館裡展示的女性生命經驗，她們的共同性在於：這些女性不同於以往，顛覆了傳統性別觀點與價值；並且，要強調其獨特與卓越性，才有資格成為博物館裡展示陳列

的主角。也就是說,這裡被再現與展示的女性,不是你家鄰居的姊姊,不是早起去上班的工廠女工,不是巷尾慈愛的阿嬤。這些女性得以被歷史紀錄或展示再現,必須顯示其不凡,因此值得被訴說與記憶。當然,你可以說,因為這裡是博物館,展示必須有其故事性。那麼,從這些博物館的展示中,我們能夠獲得多少歷史想像中的女性生命故事?或者,這裡可能再次挑戰/改變/決定了我們對臺灣女性在歷史中樣貌與生命經驗的認識?

或者,再以另一個例子來述說故事的再現視角,與我們的認識和詮釋之間的關係為何。

1853 年發生的艋舺頂下郊拼,泉州同安人奉著他們所信仰的媽祖和霞海城隍移居到大稻埕。1864 年初建媽祖廟,稱為「大稻埕媽祖宮」,位於中街與南街交界處。1866 年,信眾再次募款建廟,遷建於現在的民樂街、民生西路口,直接面向大稻埕碼頭。亦即,除了霞海城隍,「天上聖母」成為守護這個地方最重要神祇之一。然而,1910 年,日本人市街改正時,媽祖廟因位於計畫拓寬道路上遭到拆除;後經地方人士籌資,將原本的建材遷建至目前所在位置,並由陳應彬司阜負責重建,1914 年興建完成,也就是目前位於保安街 49 巷 17 號的「慈聖宮」。

慈聖宮是目前臺北市區內,少數擁有完整廟埕的信仰神聖空

間所在的廟宇。寬敞的廟前廣場，有著數棵老榕樹共同圍塑出來的樹下空間，是人們自然匯聚聊天交流的傳統休憩空間；廟前廣場外的美食攤，不僅留住在地地方美味，也留下了昔日生活的習慣與記憶。這樣一個珍貴的傳統空間所在，安座著守護地方的女性神祇，以及維繫著百多年來的傳統建築樣式，見證了大稻埕地區在臺北城發展歷程中，女性神祇和地方開發之間的緊密聯繫。然而，經驗上，我們似乎經常忘記，原來，這個重要的歷史場景的開發過程，有著來自傳統女性神祇的守護力量。換言之，我們如何看待、理解與詮釋歷史，受到我們先前知識基礎與詮釋角度的影響作用極大，我們經常不自覺地以為我們學會了某些事情，但似乎很少回去質疑，讓我們認識與相信的知識框架從何而來。然而，這些知識框架本身就已經決定了我們會看到或如何理解。也正是因此，本章想要試著從女性與城市發展的角度，來重新想像大稻埕的歷史。

（二）從空間變遷切入歷史想像

　　為什麼要以大稻埕來談臺灣女性的歷史與空間議題呢？

　　歷史性地來說，「城市」與「女人」這兩個詞看似完全無關的。城市意涵著公共文化的發展演進。但在傳統的意識形態中，女性的空間往往僅侷限在家庭之中。我們的文化裡會出現所謂「男主外、女主內」，或「傳統女性是大門不出、二門不邁」的說法。

在西方社會中則是以「女人是家中天使」，強調女性的空間以居家生活為主，擔負著家庭照顧責任與角色，無由出外參與城市的公共生活。前述種種，陳述了一種「公共領域」(public sphere) 與「私人領域」(private sphere) 的二分概念。家庭代表著私人領域，是女性所歸屬之處。城市空間所意涵的公共領域、多元文化相遇與社會互動生活等價值，都是「限男性」，性別與空間之間的辯證關係，無縫接軌：到底是因為女性喜歡待在家中，所以是個好的家庭照顧者？還是因為限制女性僅能擔負母職與照顧者，使得女性無法跨出家門，參與城市精彩的社會生活？

女性走出家門，掙脫私人領域侷限的生活空間，開始參與城市公共生活與文化推展的關鍵力量之一，在於都市化發展、現代化與資本主義生產方式等社會情境，因為需要大量勞動人口參與生產活動，「女性」得以藉著進入有薪勞動市場，獲得經濟基礎，換取更多的自由：人身自由、移動自由、居住自由、遷徙自由、言論與發表自由，自由戀愛與婚姻自主權等等。城市的匿名性意涵著將人從傳統的束縛中解放出來。這對前一階段臣服於傳統封建體制階級社會的男性與女性，都提供了解放的機會。甚至，大量人口從鄉村地區湧向城市，創造出另一種都市文化，豐富與多樣化的都市空間、公共生活與文化發展。換言之，藉著資本主義生產方式開創及發動的都市化腳步，為女性進入都市公共生活的發展提供養分與土壤。

大稻埕是臺灣邁向現代化、進入資本主義生產模式的都市空間起點，是觀察臺灣社會現代化程度的指標。以前述的概念前提出發，觀察大稻埕地區引領著臺灣走向資本主義現代化的途徑中，女性如何擺脫纏足小腳，走出家門，邁向都市公共生活，是我嘗試建構的另一種觀察大稻埕城市空間與歷史樣貌的角度。也是一個實驗。然而，女性走向都市公共場域、共同參與歷史的發展路徑，也從單純僅僅是教育接收者、進入職場，經歷這百餘年來的發展歷程。「女性」逐漸從原本性別分工思維下的家庭照顧者，蛻變為擁有專業能力，參與公眾事務，積極參與社會議題公共討論，甚至是主動創造新的都市空間，擁有訴說城市空間與歷史發展故事的行動主體。那麼，大稻埕地區城市空間與女性之間的聯結要從何說起呢？

二、女性主義地理學觀點：資本主義空間與性別位置的翻轉

在女性主義地理學 (feminist geography) 或性別與空間研究的討論中，一直有個相當重要的區分。即關於「家」對女性的限制與機會。女性因其性別角色的限制，在身體的空間移動上，始終是被高度框限的。「裹小腳」或許可以視為控制女性移動自由，侵犯女性身體的粗暴操控。這個粗暴操控與侵犯的意識形態基礎與正當性，即是所謂「三寸金蓮」的身體美學措辭。這個身體美

學政化同時也具有高度的階級意涵 —— 勞動階級的女性是無法「裹小腳」的,非得是要一定經濟基礎的家庭／家族,才可能負擔這個身體控制所需要的各項社會／經濟資本。

再以物質層面來看,漢人傳統的語詞概念中,所謂的「大門不出、二門不邁」,指涉的是家族生活空間的性別區隔。女性因為性別意識形態所加諸的身體牢籠,從個人身體層次,無法有著許多跨越性別想像所設定的行為舉止;在實質空間的層次,無法走出自己的閨閣之外;而在社會生活場域裡,則是被設定了性別角色,而無法在女兒、妻子和母親之外,以不同的社會角色和他人互動,參與具有公眾生活的社會空間。

資本主義生產方式大幅地改變了這個性別框架。當然,這裡並非意指著資本主義生產方式有著如何的性別解放意涵或政治前瞻觀點。非常務實地來說,由於工業革命帶來的大量生產模式,基於產能擴張的需要,資本家在極短暫的時間內,需要大量的勞動力投入。十九世紀的英國城市,因著資本主義生產方式而快速崛起。這意味著因為需要大量勞動力,許多人從農村出走,人口在短時間內快速集結,聚居而形成城市。城市化的推進速度與工業化大量生產的腳步同時合拍並進著。許多十九世紀的文學名著描繪著悲慘的童工生活世界,正是勞動階層脫離原本依附著賴以生存的土地後,在工業化生產、被時鐘上下班制節制且高度剝削

的生活樣態。年幼稚嫩的童工尚且無法逃離資本主義的魔掌了，遑論是大量原本被設定不可以離開家門的女性。

　　過去基於性別角色而被高度限制移動自由的女性，因為工業化的需求職場，走出原生家庭的拘限，也逐漸地打開女性走進城市公共空間的機會。當然，這裡依然有著高度的階級區分：資產階級女性不需外出工作，即使可以出門參與花花世界，但是必須有人伴隨才能上街購物、探親、拜訪朋友等等。隻身出門或在公共場域停留的女性，往往被視為是性工作者。

　　打破原本的階級框架，兩次世界大戰成為女性走出家門的另一個歷史契機。由於家中男丁上戰場，不僅醫療後勤動員女性加入，依然運作的工廠生產需要大量勞動力，加以軍備產業需求更急切，社會局勢必須接受女性進入職場，替代男性留下來的種種職缺；以及，更真實的境況是，家中必須有人負責賺取麵包，以往的性別分工架構下，男性負責在外耕種、勞動，漁牧等等，即是為取得一家的溫飽。當戰爭影響了人類社會原本的運作軌跡，也趁勢挑戰了這個運作模式裡的權力邏輯：原來，女性也是可以出門勞動，以賺取一家老小日常生活所需。這是過去未曾想像的圖像。即使男性復員返家後，女性留在職場的社會關係已經不可逆了。更何況，這些走出家門去上班的女性，回到家仍是肩負起照顧家人的各項勞務，並未因為參與職場，而減少對家中照顧責

任的負荷。這也就是有論者以「雙重負擔」(double burden) 的概念，來指稱這些同時兼顧著家務勞動，以及職場有薪工作女性的困境和實質背負的壓力。

　　資本主義生產模式下延展出來的社會關係，讓女性比較有機會擺脫原本性別角色框架，走出父權制家庭的空間限制，進入城市公眾生活與公共空間中。然而，同時有地理學家提出另一種觀察，來說明這個由生產關係想像所萌生的城市空間結構，仍是一個對女性不友善的所在。

　　問題出在城市空間構成乃是依循著資本主義生產關係而來，換言之，整個城市經理的思考重心，乃是置放於如何讓人得以快速地從家中移動往工作地點，有效率地為資本主義的生產活動，奉獻心力。因此，我們會期待各類快速流動的大眾運輸系統或交通動線，有效率地將人從臥房城市輸送到城市中心區的工作節點。工作節點所在之處，如果無法快速大量地吞吐著人流匯集，勢必成為民怨或政治壓力所在。舉例來說，臺北市內的內湖科技園區，因著重劃區興起，成為新的商辦廠辦匯集之處，每天早上高速公路交流道回堵車陣驚人，如何解決內科交通問題，乃是每任臺北市長無法迴避的問題。然而，內湖老市區裏，買菜的人是否有安全的移動動線，老人家是否能夠順利地從家中安步走到公園，推著嬰兒車的人兒，是否可以不要吸廢氣，學生上學可以平安走路，

不用勞煩大人接送等等各項問題，顯然不是每到選舉時刻能夠召喚政治動員的議題。類同地，要不要興建北淡線快速道路，關注的是如何把人有效率地從淡水／淡海新市鎮輸送到臺北市區上班，不僅淡水河沿岸的紅樹林生態保育，淡水地區的過度負載等問題，不被討論，淡水鎮上高高低低的街區道路，如何滿足居民的日常生活需要，確保安全，幾乎沒有人積極主張。淡水／淡海新市鎮寓含的課題是，無力解決市區高房價，只好企圖藉著交通運輸，讓民眾即使住在蛋白區，也可以經由捷運，快速前往市區。然而，即使連最新落成的淡海輕軌，想滿足的只是觀光客的需求，如何讓訪客快速地拜訪天元宮櫻花和沙崙海岸，而不是在地居民生活支持系統。

　　前述這些例子說明著，城市的生產機能高度地決定了城市空間結構的樣態。在官方想像的城市經營和政策投資，往往是以滿足生產端的需求優先，而城市居民每天日常生活的空間品質與生活經驗，鮮少成為公共政策討論的核心。或者，更大膽地說，在臺灣城市規劃實踐的發展過程中，鮮少有人會認為，居住社區生活空間品質不佳是政府的責任。可能更多人想到的是，因為自己賺得不夠多，買不起天龍國的好品質？然而，這些不受公共投資青睞的個別主體真實生活需要，仍然每天持續地在各個家戶中上演。例如，缺乏安全的通學路徑，家中照顧者必須親自接送孩子；社區鄰里沒有足夠的托老托嬰設施，必須依靠非正式或品質缺乏

保障的服務協力；家庭採購便利性不足，總是有人要負責想想辦法……。因此，有學者提出了「分裂城市」(divided city) 或「二元城市」(dual city) 的概念，用來指稱在現代的城市生活中，由於過度關注生產端的需求，忽視每日日常生活的空間經驗，城市空間結構趨向於呈現「生產」與「再生產」的二元分化，一種分裂的狀態。因此，家庭的照顧勞務工作者，成為主動負擔起縫補這個裂縫的力量，而通常，負擔這個角色的，即是所謂有著雙重負擔的女性——家中婦女有著必須前往城市中心的有薪工作之外，也必須回到家庭與社區生活中，執行著各種家務照顧活。藉由女性主體以其肉身勞動，來組織這些原本被散落在城市空間結構中，不同角落的各種勞務。

這個依循著資本主義生產模式所發展出來的城市空間結構，可能是每個人日常生活的大考場，或是遊樂場：如何每天順利、順暢、有效率且低成本地出門工作，回程安全地返家，同時可能需要擔負的工作，包含接小孩補習、安親班或放學，買好晚餐等等，疲累而充滿挑戰的休息後，第二天可以繼續開心地去上班。這中間或許得以享有城市應該提供的各項服務與設施，例如去看場電影、聽音樂會、逛書店；或者，必須趁著假日，跟朋友約在市區才能享有這些文化活動，更或者，在郊區住宅生活中，全家一起逛大賣場就是最重要且美好的休閒模式了。如果，你覺得這樣的每日生活模式與移動軌跡相當熟悉，或是令人有些疲累。讓

我們回到歷史中的大稻埕，來看看這些家庭中女性的每日生活空間模式是什麼樣子？

延續前述資本主義城市空間結構的論述，主張女性有薪勞動與家庭照顧者肩負著「雙重負擔」，對抗著這個分裂的二元城市。本章想提出的大稻埕版本則是，歷史發展過程中，臺灣經由大稻埕國際貿易口岸與茶葉等產物輸出，接軌上國際資本主義市場過程中。由於需要大量勞動力，使得女性有機會可以走出家戶的身體限制，進入城市空間。進一步地，經由進入有薪勞動的職場，更加融入城市公眾生活，也接觸到更多的人群，拓展其生命經驗。此外，由於大稻埕店屋的「前店後住」空間使用型態，使得大稻埕的女性得以走出前述二元城市的模型，建構出一個女人與家和城市之間的中介空間尺度。

三、走出家庭的女性：女子首學與宣教事業

女性能夠走出家門，除了前述提到資本主義生產方式需要大量勞動力之外，女性取得接受教育的機會，是另一個管道。

一般咸以日本時代作為臺灣現代教育體系的起始點。然而，事實上，基督宗教是帶來現代化知識的另一股力量。北臺灣的淡水，

馬偕博士於 1882 年設置理學堂大書院，為臺灣最早西式學院教育的啟蒙地。這股宗教傳教與現代化教育的推廣，兩者之間緊密相關。

　　1882 年，馬偕於現今的真理大學校園內，創設「理學堂大書院」，又稱為「牛津學堂」（The Oxford College）。馬偕設置這個學校為了培育臺灣在地人成為傳教士，以擴大基督宗教的影響力，經由和教會母會與加拿大國人募款，以其自身想法設計，邀集臺灣與對岸匠師，共同匯聚智慧心力所構成。這所學校號稱為全臺灣西式學院教育囂首。以當時西方的「博雅教育」（liberal arts education），也就是現在通稱的「通識教育」精神來培育人才。舉凡識字、讀經、通曉中英文與羅馬拼音、體育、音樂詩歌、博物學、生物、物理、化學等等。學生來源包含淡水河流域，淡水、八里、五股、蘆洲、大稻埕，大龍峒等地，以住校為主，這其中也包含許多平埔族原住民。理學堂大書院的人才培育工作，與馬偕行腳各地，透過醫療傳教，拓展教育與開設教會是同時多軌並行的。

　　「建造一所大的學堂來讓婦人和女孩子們有一個培訓的中心地點，其必要性就如同設立一所學院來訓練男的成為傳教師一樣。婦人和女孩受到持續數個月教導的影響，年紀較長的婦女的生活必能受到重塑，而年少的女孩其人生也能獲得正確的導引。為了這個目的，加拿大長老教會婦女海外宣教會以滿心的熱誠捐了一

筆必要的經費來建這所學堂，我們乃於 1883 年底在離牛津學堂數
十呎的旁邊開始建造。」（馬偕，林晚生中譯，2007:293）

延續牛津學堂的辦學精神，1884 年，馬偕創設「淡水女學
堂」（Tamsui Girls' School），為臺灣新式女子學校之濫觴，
是臺灣女性首次可以正式接受教育的公共場域。[18]「淡水女學堂」
建築於 1884 年 1 月 9 日落成，同年 3 月 3 日正式開學。「女學堂」
創辦時的開學典禮非常盛大，一百多名宜蘭地區的信徒前來參加，
典禮由當時的英國領事主持。可以想見，在當時的社會風氣下，
要家長同意女性入學接受教育，絕非易事。為鼓勵女性入學，當
時不僅免學費，並且提供各項費用補助，包含旅費、膳宿與服裝
費用等等。更為了因應婦女的生計考量，而開辦「夜學」（夜間部）
（吳燕秋等，2015:180）。早期這些女學生來源多為馬偕門徒的家
中幼女，或來自宜蘭的噶瑪蘭平埔族人。最初開學時有 34 名女子
前來就讀，後陸續招收學生，最多曾經收到 80 人。

總體而言，馬偕博士設置牛津學堂和女學堂，實際意圖都
是為了培養臺灣在地的傳道人力。然而，從馬偕博士的日記等文
獻來看，其最初創校的動機除了要培養臺籍女性傳道人員之外，
馬偕發現，臺灣婦女受制於「重男輕女」的社會陋俗，如溺女嬰、
蓄妾、重聘以及深居簡出等，使得婦女缺乏自由與幸福，這些不
僅有違基督宗教信仰的價值，也是傳教時的阻力。他希望藉由宗

教教育的力量，一方面讓這些婦女可以成為女性的傳道人員，當然也懷抱著啟蒙開化的價值，意圖將較為自由開放與平等的人道精神帶進臺灣——以教育入手，期許能打破當時極度的男女不同等，以及對女性從身體到心靈的種種剝削。

1901 年，馬偕過世，學校一度停課。考量馬偕在世時期，北臺灣一直沒有女性宣教師的身影，在吳威廉牧師的呼籲下，1905 年，加拿大長老教會女傳道會終於派了兩位女性宣教師到北臺灣淡水，分別是金仁理（Miss Jane Kinney, 1877-1965）、高哈拿（Miss Hannah Connell, 1869-1931）兩位姑娘[19]。前者負責女學校，後者負責婦學堂。如前所述，馬偕博士創辦女學堂部分重要原因是為了培養「宣道婦」(bible women)，面對當時社會風氣、招生不易，因此學生入學幾乎不設門檻，使得入學學生的年齡差距極大，甚至有婆媳和母女共學的狀況，師資則是以馬偕夫人張聰明女士，和其他宣教士的妻子負責，壓力吃重，規模也受限。加上當時日本政府已經在臺灣開辦了現代化的西式教育，為了強化學校體質與競爭力，加上這兩位來到臺灣的女宣教師，都是受過良好高等教育訓練的人力，遂將學生區分為教育 12 歲女童的「淡水女學校」，以及教育已婚或失學婦女的「婦學堂」兩種不同的學校。

1907 年，馬偕博士之子偕叡廉於自加拿大返台後，意圖創辦

新式中學，該年10月1日起，將「淡水女學堂」改制為四年制的「淡水女學校」[20]，即今日淡江中學女子部前身。另考量現有建築空間已不敷使用，吳威廉牧師設計的女學堂自1915年開始改建，1916年正式完工，該建築即為今日在淡江中學校園中的校史館。

「淡水女學堂」為臺灣女性接受教育的重要歷史節點。雖然原本是為了培育女性宣教人才，而於1905年後逐漸區分成兩軌，即1907年改制為一般的女子學校，收12歲以上的女學生。另一方面，當時已經就讀較為年長、因超齡無法進入女學堂者，則在1910年時另創設「婦學堂」[21]，以招收已婚婦女、培養傳道人為主要方針。亦即，馬偕博士為提供女性學習的教育機構，一方面世俗化轉型為淡江中學，另一方面則成為神學院的教育體系，繼續為教會培育優秀人才——這個從婦學堂設置後逐漸轉型的學校，即為當前的臺灣女子神學院——歷經二次大戰停課，1958年由北部女宣道會續辦復校，更名為「臺灣婦女聖經書院」，1974年2月21日又改名為「臺灣女子神學書院」，直到1988年更名為「臺灣女子神學院」。追溯到1884年開辦以降，臺灣女子神學院的歷史超過130年[22]。而這個歷史悠久的臺灣女子首學，目前所在位置即是大稻埕：甘州街36號[23]。

除了這個歷史悠遠的女子首學外，大稻埕仍有另一段與女性基督徒有關的歷史故事及場景。

緊接著 1914 年的慈聖宮落成，1915 年，在目前的甘州街 40 號，「基督長老教會大稻埕教會」宏偉的建築落成。但這個教會的構成，另有其發展的史前史。臺北市大稻埕教會的前身是「枋隙教會」（1885-1915）。枋隙教會禮拜堂最早的歷史應該可以追溯到 1875 年 8 月 15 日，由馬偕博士設計創立，是走出淡水區地，在臺北市區最初建立的禮拜堂之一。當時以其地名，稱為「大龍峒禮拜堂」。禮拜堂興建於此，一方面當然是因為這裡是漢人聚居的聚落，另一方面，則是來自於教會長老陳願捐贈土地。該用地位於馬偕博士的二女婿柯維思住宅附近，現今延平北路三段，日治時期的太平町九丁目（現在的延平國小昌吉街一帶）。《馬偕日記》中曾提及這個禮拜堂的設立，有領事官等人出席的情節。另根據《馬偕日記》描述，1876 年 9 月 17 日，在大龍峒禮拜堂舉行受洗與領聖餐禮，當天約有 250 人出席，40 人受洗。其中 16 人為女性。這是目前北臺灣最初有女性受洗為基督徒的紀錄。[24] 換言之，這裡是北臺灣最早出現女性基督徒的歷史地點。

1884 年 10 月 5 日，清法戰爭的戰火炸毀了馬偕博士建於臺北市區的第一座禮拜堂。馬偕博士爭取賠償費用，重建禮拜堂，但其選址並未回到原本的大龍峒，而是選擇較原址略為南端，即現今「大橋禮拜堂」的位置重建。根據《馬偕日記》所載，教堂於 1886 年 12 月 24 日落成。當時稱為「枋隙禮拜堂」。[25] 原址名為「牛磨車街」，即現今迪化街二段 67 號。馬偕博士認為，這座教堂是

他建設的諸多教堂中最美麗的一座。由於當時大稻埕已經逐漸因商業貿易而興盛，人口增加快速。1895 年刊行，後幾經重譯的《福爾摩沙記事》中即記載：「在整個宣教中教堂建得最美的是在大稻埕。這個鎮在淡水河畔離艋舺約一哩遠，並與臺北府城的新城牆相鄰，是北臺灣商業最發達的地方。火車的鐵橋長 1464 呎，在這裡橫跨淡水河，所有英國和其他西方的商人都有商行在那裡。教堂是石砌的宏偉建築，有小塔和角樓，禮拜堂很寬敞。我曾看過那教堂從講台前一直到大門口都擠滿了渴慕聽道的人。」（馬偕，林晚生中譯，2007:149-150）大稻埕許多商行老闆都在這裡做禮拜，包含富裕的茶商李春生，也是在這個教會做禮拜。

大橋禮拜堂落成後，很快地就因為信眾增加而不敷使用，即使 1906 年新增一棟建築，但仍是空間不足。故李春生捐資興建，於 1915 年 8 月落成，正式命名為「臺灣基督長老教會大稻埕教會」。這座嶄新壯麗的禮拜堂，當時堪稱為全台教會最具規模七殿堂，其地址為日新町三丁目 29 番地，即今甘州街 40 號[26]。

四、大稻埕女子公學校

相較於馬偕與基督宗教力量開辦了臺灣最初女子受教育的機構，日本領臺之初，則是隨著新式教育制度建立，將女子教育正

式納入學制系統中。然而，這個發展也並非一蹴而就，而是經歷了漫長的演進。

　　日本於 1895 年 6 月 17 日始政，臺灣總督府民政局學務部臨時事務所於 6 月 26 日，由大稻埕遷往芝山岩，在惠濟宮內設立學堂，芝山巖學堂七月即開始授課。1896 年 3 月 31 日，發布「臺灣總督府直轄諸學校官制」，國語學校、國語傳習所據此成立。但實際上，在國語傳習所成立之前，總督府即在臺北已成立具有補習性質的「語言學校」。授課內容以學習日語為主，是為了剛統治臺灣之際，需要仰賴能同時使用臺灣語言與日語的人力。同一時期臺灣各地方政府也紛紛要求成立類似的語言學校，以肆應需求。不過，各個地區學校上課乃各自為政，並未有統一的管制與要求。

　　到了 1896 年 6 月 22 日，總督府以府令 15 號，發佈了「國語傳習所規則」，要求各傳習所內，包含教材、學校宗旨等等，均應有所規範。當時全臺共選定十四處設立傳習所。在修業規定上，將學生分為甲科和乙科。前者為 15 至 30 歲以上的學生，教授日語及讀書，每年分為上下兩學期，修業半年即可畢業，就學期間給予生活津貼。乙科招收 8 至 15 歲的學童，教授一般國語、歷史、地理、數學、唱歌、體操等，女生另再加設裁縫一科。與日本本地相同，修業四年即可畢業。由此來看，前者乃是為日本政府訓練翻譯人才，為官方所用。後者則是落實基礎教育，具有現代「學

校」的特徵。

日本政府於 1896 年各地設置「國語傳習所」時，即已經同時招收男女學生就讀，但並不具有強制性；為鼓勵入學，總督府以免學費為號召，加上臺灣人民當時生活的日語需求增加，就讀學童越來越多。1897 年 4 月，「國語學校第一附屬學校女子分教場」設立，最初位於芝山巖，又稱為「士林女學校」，雖然學校規模極小，且學生流動率大，但這是日本時代第一所新式的女子教育機關，可說是臺灣女子教育制度建立的標竿。

「國語學校」體制存在的歷史極為短暫。1898 年 7 月 28 日，總督府發布「臺灣公學校令」，於 9 月 30 日將原本的「國語傳習所」及相關分教場等，均改制為「公學校」，自 10 月 1 日起正式起跑。「大稻埕公學校」即今日的臺北市太平國小，就是在這個歷史情境下誕生的產物 —— 延續先前國語傳習所的歷史，於 1898 年 10 月正式改為「大稻埕公學校」，同時也設有「大稻埕公學校女子部」，但僅有兩名學生。1910 年 4 月起，以「女子分校」的形式，在西側校舍上課。當時的大稻埕公學校學生人數，為全臺公學校最多，男學生即將近一千名。故 1910 年，當時的大稻埕區長黃玉階，向日本政府請願，希望另外單獨設置女子學校。

到 1911 年，女學生就讀人數足夠後，正式獨立為「女子公學

校」，校址即為當今的永樂國小。1917 年，新校舍興建完成，搬遷到現今蓬萊國小現址。一直到 1922 年，因臺北市街改為町制，大稻埕第一公學校位於太平町，改稱為太平公學校；「大稻埕女子公學校」才更名為「蓬萊公學校」。[27] 相較於馬偕博士設置淡水女學堂，或是日本人初到臺灣時，設置的「士林女學校」，「大稻埕女子公學校」雖然不是最早招收女性入學的教育機構，但以其「公學校」的體制形式，對培育女學生有著更為穩定而持續性的力量。

簡言之，從上述日本時代設置體制內學校的歷程來看，「國語傳習所」的時代相當短暫，僅兩年左右的時間，其教育內容以實用導向為重，並未細區分學生的年齡，使得傳習所時期，學生同時有接受初等教育與中等教育的不同程度階段。亦即，日本時代最初對於現代國民教育體制的思考尚未完備；一直到 1898 年發布《臺灣公學校令》、1919 年公布《臺灣教育令》、1922 年公布《新臺灣教育令》後，現代國民教育體制的框架逐漸發展成形，對學校的興設與開發，也有著較為成熟的佈局。值得正面看待的是，在「大稻埕」這個當時正屬於新興富庶的開發區域中，教育體制賦予了男女有同等就學／受教育的機會。

然而，當時社會普遍不認同女子接受教育的必要性、「男女七歲不同席」的傳統觀念和纏腳等種種因素限制下，即使學校校長、

老師們前來家中苦苦勸說，願意送女兒上學的家長仍然少之又少，上學後因故輟學或退學的情形，比比皆是。至日本領臺後 10 年，1905 年時的調查，臺灣學齡女童的就學率依然只有 2-3％，而當時男童的就學率已經達到 15％了。[28]

　　總督府面對女子就學不振，不斷思考各種改善的方法。例如帶領中上階層前往日本參觀女性就學、就業的情形，將女性健康、知性美的形象烙印在參觀者心中；或舉辦學校展覽，將女學生優秀的刺繡、造花等作品呈現在民眾眼前，以打破女子上學無用等偏見。自 1920 年代起，逐漸開啟臺灣女性就學的風氣。1928 全臺灣女童就學率為 13.8％。1940 年的統計，男性學童就學率為 70.6％，女性為 43.6％；及至終戰前夕，女子初等教育的學齡兒童在學率，已達到 60％。

　　雖說「女子公學校」只是小學階段的教育，但在日治時期，女子教育的終極目標在於「塑造賢妻良母」，這種今日看來保守的價值觀，深深影響了小學教育的內容。從四年級開始，女學童就必須學習裁縫、刺繡、烹飪等各種手藝及家事課程，學校會在定期舉辦的「學藝會」中，展出優秀的作品。

　　此外，老師們還會利用「修身」課，教授女孩應有的生活儀節。向來以學風優良、氣質出眾而聞名的蓬萊公學校，老師們的

要求自然也分外嚴格。從這裡畢業的學童，有不少是成績優異、才德氣質兼備的少女。歷屆考上著名的升學窄門—第三高女者所在多有。這所全臺灣第一所獨立的女子公學校，首開臺灣女性初等教育的環境，從 1956 年起開始男女生兼收，而走過百年滄桑的蓬萊校園，在 1983 年因年久失修而拆除改建，昔日這段歷史只能從書頁中找尋，無緣在建築物上窺見。

然而，有意思的提問是，日本政府為何如此積極地想要推動女性就學？日本統治臺灣，在臺灣引進近代學校體系，主要目的乃是為透過學校體制來培育能配合殖民統治的人 ——1922 年發布《新臺灣教育令》後，雖然在殖民地臺灣逐漸建立完整的學校體系，但對於臺灣人的教育，基本上仍是以普及初等教育，以及推廣實業教育為重心。前者為培養勤勞、服從、健康，且具有基本讀寫算能力的底層人民；實業教育則是要培養殖民地人民成為基層技術人員。這兩者都是貫徹殖民地統治不可或缺的人力資源（許佩賢，2015:107）。換言之，回到前述的命題，臺灣進入資本主義生產模式之際，培育高素質的人力資源，不僅有利於日本殖民統治所需，也正好滿足現代工業社會生產力的需求，女性也因此取得了進入教育體系，接受基本訓練的機會。

五、掙脫身體與禮教的束縛？黃玉階的至善堂與解放纏足運動

　　傳統家父長體制下，對女性身體自主與人身自由有許多的限制。其中，從身體到行動自由最嚴酷且終極的壓迫，莫過於「纏足」這樣的習俗。根據周泓欣的研究，臺灣的纏足風俗源於何時，史料上並無記載。在中國，進入明代後，纏足成為女子身份的象徵。滿清入主中國，主張男子剃髮、女子禁纏足，成為降清的標誌，然而，纏足沒有完全被禁止，使得漢人將此視為不屈服的象徵，纏足被賦予更崇高的意義（周泓欣，2013：29-30）。

　　回到臺灣這個移民社會來看。臺灣的原住民族群並沒有纏足的習俗，張淑雯的研究指出，在《臺灣府誌》中描述的原住民圖像：「土番風俗……男女皆跣足裸體」，日本於臺灣所做的《臨時臺灣舊慣調查會第一部番族慣習調查報告書》中也指稱，原住民是不纏足的（張淑雯，2007:35）。而臺灣漢人社會中，源於大陸閩南族群漢人纏足比例最高。客家婦女不纏足的現象，依據學者歸納的看法有三種論點：一是為了工作勞動、其次是因為逃亡遷徙，第三個原因則是學習自鄰近的土著族群（鄭美惠編，2006，轉引自周泓欣，2013：30）。綜合幾位研究者的討論，臺灣在漢人移民開發墾荒初期，因勞動力的需求，因此纏足並未形成風氣。但自從嘉慶十六(1811)年禁令開放後的五十年間，移民大量來臺，紳商豪族漸增，大家族社會群體慢慢形成，使得纏足風氣日益增

加。

　　楊翠的研究清楚地指出，漢人社會以「房」為男性嗣系原則推展其家族系譜，以「父子關係」為主軸，展開關於財產繼承權、宗祧祭祀權、兩性的上／下、內／外與主／從關係。雖然由於臺灣的移民社會特質，移墾過程中，女性較少、文化中心支配力較弱，使得在兩性互動關係、對女性的限制方面，雖然比中國大陸略見鬆弛，但仍未曾鬆動父權文化的基本結構。楊翠進一步地指稱，日治時期臺灣婦女被支配的原型，乃是從「資本家－殖民者－父權」這個三重結構所支配（楊翠，1993:57）。

　　觀諸日治時期的相關史料，包括總督府「舊慣調查會」發行的《臺灣慣習記事》，民間發行的《民俗臺灣》等，均可窺見日本時期臺灣婦女面臨的困境：包含婚姻不自主、生育子嗣為「天職」、不具財產繼承權、不具業主權與經商權、纏足、嚴重的女性身體買賣等等。換言之，從「纏足」這個加諸於女性身上的壓迫，不僅背負著漢人父權社會對於女性身體與情欲主體的想像，對勞動力支配的詮釋，即使在日本統治初期，意欲解除女性纏足的綑綁，乃是為了增加資本主義生產的勞動力人口。

　　日治初期，1905（明治38）年，總督府進行臺灣第一次近代科學式的人口普查，戶口名簿的調查欄位內，纏足被定義成「特

種殘障」、「人為殘障」。依當年的紀錄，臺灣女性總數約為 140萬 6000 人，其中 80 餘萬人纏足，約佔女性人口總數之 56.9%，即將近六成的女性人口，但若扣除五歲以下女童，則纏足比例高達 66.6%（吳燕秋等，2015: 46），即將近七成女性從雙腳行走的能力上就已經被拘束。日本政府為推動臺灣產業近代化，將女性勞動力從家庭釋放到生產線，支持臺灣社會領導階層發起「解纏足運動」。從 1905 年到 1920 年，女性纏足比例降至 11.8 %。這些獲得身體解放的女性，有不少旋又進入比裹腳布更嚴密的生產線中，成為新興勞動市場中的女性職工。然而，早在日本政府積極推動解足前，民間也已經發起了這樣的「解放天足運動」—— 放足運動與大稻埕有密切的地緣關係（陳惠雯，1999：95）。其中，倡議在大稻埕獨立設置女子公學校的區長黃玉階最為關鍵。

黃玉階一生醫病救世，積極善用宗教力量，勸人向善積德，造福鄉里，為極受人敬重的仕紳。1916 年出版的《臺灣列紳傳》中，黃玉階 (1850-1916) 即位列第一位。根據許陽明的撰述，黃玉階 1850 年生於臺中，1870 年即學習中醫，1876 年開始執業。1882 年，全家遷居至大稻埕。1884 年，清法戰爭時因協助巡撫劉銘傳有功，獲得清廷頒授五品軍功銜。1895 年，日本統治臺灣不久，臺北地區發生霍亂，次年鼠疫黑死病等相繼流行，日本當局接受黃玉階的建議，在臺北成立「黑死病治療所」，他開出的藥方協助解決了霍亂和鼠疫肆虐的危機；1897 年，取得日本政府頒發

的第一張漢醫師執照。隔年總督府又頒授紳章；1899年，受邀擔任監獄教誨師，同年在大稻埕日新街（今民生西路、寧夏路一帶）設立「普願社宣講所」，積極宣講教化。黃玉階習醫救人，善舉義行始終為人稱頌。當年明治天皇薨逝時，他是參與天皇喪禮的四位臺籍人士之一[29]。此外，在宗教活動方面，黃玉階於清同治六(1867)年皈依先天道，宣統元年時擔任全臺頭領，統領全臺道務。1891年，曾有信徒獻建齋堂，名為興善堂，推黃玉階擔任堂主，設置於日新街一丁目七番戶，即今日的保安街。後黃玉階的義女陳昌賢也設置了「福慶堂」於隔壁。由於兩堂教義相同，便合而為一，改稱為「至善堂」。1915年，耗資六千圓興建新式三層佛堂，成為先天道在臺灣最摩登的西式洋樓佛堂。依照許陽明的描述，當年一個大學畢業生的月薪約為12-15圓左右。用六千圓在當年正繁華的大稻埕興建佛堂，可以想見是很隆重的一件事情（許陽明，2009:106-7）。目前保安街49巷16號的至善堂，即是當年臺灣重要的齋教場域[30]。主要祭祀釋迦牟尼佛與觀音。該建築物雖為1990年改建後的鋼筋水泥現代建築，但這個據點值得紀錄的是黃玉階其人其事，他推動解放纏足，讓女性得以擁有行動自由、免於身體遭受折磨痛苦的貢獻。

明治30(1897)年，黃與其他十四位地方仕紳聯合倡導廢除纏足的「天然足運動」，開維新風氣之先，從此揭開組織化放足運動的序幕。1900年2月6日，黃玉階在普願社發起成立「天然足會」，

並被推舉為會長。當天總督兒玉源太郎、民政長官後藤新平皆到場，發起會議者超過 250 人（陳惠雯，1999：95），「天然足會」呼籲女子解放纏腳，被認為是廢除臺灣女子纏足的關鍵公益團體。

　　「臺北天然足會」這個臺灣日治時期的社會團體，創立主要目的在推廣臺灣境內的「解纏足」民間運動，以臺北淡水館成立的揚文會會眾為主要成員，初創人數約為 40 名，社團組成份子主要為地方士紳、商人等中上階層人士。放足運動一開始以臺灣社會中上階層為主要的勸導對象，在地區動員上，則透過地方社團，如大稻埕茶商公會來推行。由於當時主要由臺灣社會精英組成的天然足會成員普遍認為，「女子纏足」是阻礙臺灣進步的因素之一，主張應讓女子上學接受教育。該會於日後修正訂定的章程中規定，會員的女兒必須解纏足，會員的兒子則應該拒絕與纏足女子結婚。更發行月刊，刊載有關勸戒女性纏足的詩文，並贈送徽章獎勵放足與保持天然足的女性。[31] 當時輿論讚揚為「實如紅十字事業之義例美風」。

　　公學校在放足運動上也扮演重要角色。包括編入課本宣導、安排體育教學活動等等，讓女學生實際體認纏足的不便。但當時社會風氣難以改變，從運動推展的成效來看，效果相當有限。反而是日後的「斷髮不改裝會運動」的影響，加速了女性解放纏足的腳步。

1911年2月11日，臺北大稻埕區長黃玉階與《臺灣日日新報》記者謝汝銓共同發起「斷髮不改裝會」。所謂的「斷髮」，指剪去清制辮髮，是揚棄舊封建時代的具體行動；然而，因為若要購置新式洋服，將大幅增加民眾的經濟負擔，因此，僅以剪去辮髮、暫不改裝的策略來推行這個運動。第一次的斷髮大會在大稻埕公學校舉行，100多位民眾和30名學生集體斷髮。日本統治臺灣之初，雖視斷髮、纏足為亟須革除的陋習，但畢竟長期累積的風俗難以馬上改變，加以日本統治根基未穩，推動成效相當有限。此外，當時的抗日土匪一旦被捕後，均遭強制斷髮，使得臺灣人更不願剪辮，以免被視為土匪。故爾，斷髮者僅限於少數的公教人員，和接觸日本近代文明的士紳。其中，學校是重點宣導機構，極力宣揚斷髮是文明、衛生、進步的象徵。隨著新觀念的灌輸，1910年，國語學校、總督府醫學校學生流行斷髮。另一方面，適逢民國革命，當時的中國與被日本併吞的朝鮮，都興起剪掉辮髮的風潮。在這樣的時代氛圍下，「男性斷髮」迅速成為1910年代初期的新社會運動，影響效應所及，帶動了女子解纏足的風氣。

　　發起一年內，街庄長、公學校教師、紳商等中上流人士和學生，大多已斷髮。而隨著解纏足和新式教育持續推行，1910年代，社會各領導階層進一步組成類似的組織活動，如「解纏會」、「風俗改良會」、「矯風會」、「敦風會」等。其中，也不乏女性領導者，例如1911年，臺北廳陳宇卿（參事洪以南之妻）、施招（艋舺區

長黃應麟之妻）等人發起的「解纏會」，號召婦女入會，不收會費。不到三個月，會員已達 1061 人。在根深柢固的傳統下，日本時代初期的放足運動影響層面很小。直到 1910 年代斷髮運動成為風潮，1915 年，日本官方有鑒於放足風氣已經逐漸成形，遂趁著統治臺灣 20 週年的紀念會，於 4 月 15 日下令保甲規約中，追加解纏和禁止纏足，違者處罰，但腳蹠趾如果已經彎曲無法恢復者除外。到隔年三月的統計，全台解纏足者有 67 萬多人，此後逐年增加（吳燕秋等，2015:46）。

以臺北市大稻埕地區的調查來看，在 1866 年以前出生的女性 344 人中，有 91.9% 纏足。介於 1866-1875 年間出生的女性 332 人，有 84.6% 纏足；1876-1885 年間出生的女性 462 人中，有 81.2% 纏足；1886-1895 年間出生的女性 578 人中，74.9% 纏足；到日治時期後，1896-1905 年間出生的女性 1020 人中，56.2% 纏足，到 1906-1915 年間出生的女性 1502 人中，僅剩 6.5% 纏足（參見表 3.1 及表 3.2）。

另依據《臺灣日日新報》曾經針對解纏足後婦女生活的報導〈解纏後中部婦女〉指出，解纏足後，對女性而言，有許多好處，包含：一、從來陰鬱之性質，一變而為快活。二、從來不曾勞動之婦人，已到田野看牛或幫助耕耘。三、從事勞動得相當之工資。四、婚時聘金。因是而增進。五、夫婦男女共力，謀生饒裕，家庭圓滿（轉引自周泓欣，2013:121-122）。由此簡單數語大致可以

想見，女性由此獲得行動與移動自由，帶來身體上的愉悅快活。
同時，由於可以從事體力勞動，不僅在經濟上獲得收益，帶來家
庭生活的改善，也讓女性從原本的經濟依賴者，有可能成為經濟
生產者，而這個歷史階段的經濟生產同時包含農林牧業，或是體
力勞動的產業。

表 三.1 大稻埕女性纏足人數及比例

年	出生的女性總人數	纏足人數	纏足比例
1866 以前	344	約 317 人	91.9%
1866-1875	332	約 281 人	84.6%
1876-1885	462	約 376 人	81.2%
1886-1895	578	約 433 人	74.9%
1896-1905	1020	約 574 人	56.2%
1906-1915	1502	約 98 人	6.5%

資料來源：中研院蔡元培人社中心歷史人口主題研究工作室，轉引自周泓欣，2013:36。

表 三.2 1905 年與 1915 年臺灣女性纏足人數與年齡分佈比較表

年 年齡級	1905 年		1915 年	
	纏足人數	占臺灣女性總百分率	纏足人數	占臺灣女性總百分率
總數	800,616	56.93	279,038	17.36
10 歲~以下	53,163	14.48	1,385	0.30
11-15 歲	74,940	54.63	6067	3.48
16-20 歲	90,503	67.92	16,559	10.94
21-25 歲	102,474	72.81	20,810	16.52
26-30 歲	92,917	75.29	21,705	18.39
31-35 歲	82,446	76.11	26,648	21.93
36-40 歲	63,693	75.62	26,757	25.64
41-45 歲	49,623	75.05	27,353	30.64
46-50 歲	50,772	77.37	25,486	37.29

資料來源：臨時臺灣戶口調查部，1915，《第二回臨時臺灣戶口調查記述報文》，東京：臨時臺
灣戶口調查部，pp. 306~307。轉引自周泓欣，2013:36-37。

我城故事：大稻埕街區生活書寫

「纏足」的意義不僅僅只是對女性行動能力的侷限，從限制女性自由活動，使其安分於戶的手段而已。更重要的，乃是藉由身體之銘刻，導引教化，使得傳統儒家禮教的男女內外之別的道德理念，得以具體地呈現在婦女的身體，成為名符其實的道德身體實踐 (embodiment)（高彥頤，1995：29）。日本統治權威與黃玉階等人積極推動的斷髮與解放天足運動，一部分搭上了所謂現代文明運動的軌跡，成為推動臺灣社會文明進展的重要論述基礎。另一方面，也成為臺灣社會與清朝統治體制得以完整切割的重要象徵過程。更有甚者，從性別社會關係的角度來看，經歷這個殖民現代化的過程與作用，女性似乎相對有可能，取得改變自身原本處境的機會。

雖然，從前述楊翠的後殖民批判觀點來看，可能沒有如此簡單與樂觀 —— 處身於殖民情境中的女性，同時面臨著父權體制、殖民統治，以及資本主義生產方式的多重權力支配關係的壓迫。這實為女性主義理論批判時面對的挑戰 —— 如何將女性所遭受的壓迫經驗置於最重要的前景，但同時也看到不同權力關係作用下，對不同生命經驗、各種階級位置、族群背景或者不同情欲主體女性，在權力支配關係網絡中，互異的壓迫狀態，卻渴望尋求解放或脫離這些支配關係的社會與歷史真實。

改變權力作用及其支配狀態並非一蹴可及，許多階段性

地、策略性地，甚至是歷史偶然性地鬆動，都是在這個尋求改變的漫漫長路上，可能浮現的情境或場景。本章一開始的寫作意圖即指出，以何種觀點來看待女性的生命史？或者，我們應以何種詮釋觀點，來探討特定空間場域的歷史變化？本章從大稻埕女性開始獲得接受教育的機會出發，也回顧「解放纏足」這個限制女性身體與行動自由的束縛如何逐漸被解開，下一章，則聚焦在女性如何走出家的框架，以就業的工作和經濟自由，取得跟父權制全面掌控間的制衡，與其他自由的可能性。

¹⁷ 這個構想的起點來自於陳惠雯的碩士論文,《城市、店、家與婦女——大稻埕婦女日常生活史》,台大城鄉所碩士論文(1997)。及其後來改寫出版的《大稻埕查某人地圖:婦女的活動空間近百年來的變遷》(1999)。惠雯以其長期駐點大稻埕,獲得在地社區居民的信任,取得許多珍貴的訪談資料而成。如同她在書中提及,「正在和時間競賽,走過大稻埕的女性,經歷搬遷、衰老或去世,恐怕來不及描繪出輪廓。」「台大城鄉所幾位學生以社區工作者的角色,進入地方推動改善交通、傳統建築的更新與再利用的公共事務,才發現在臺北城發展過程中具有重要意義的大稻埕,竟然沒有以女性為主體的相關資料被有系統地整理或分析。」(陳惠雯,1999:5)研究者在這些年對於大稻埕的觀察,始終心繫著這樣的觀點與觀察,期許可以借用惠雯當年所做的珍貴資料,以女性生命經驗的視角,重新詮釋城市空間的發展與變遷。

¹⁸ 資料來源:http://tamsui.yam.org.tw/hubest/hbst4/hube451.htm#hu4513。

¹⁹ 資料來源:女宣雜誌,第418期,陳美玲「女宣教師腳蹤/淡水婦學堂的領航者——高哈拿姑娘」。http://gospel.pct.org.tw/AssociatorMagazine.aspx?strTID=4&strISID=418&strMAGID=M2015070703821。

²⁰ 後幾經各種階段與體制轉變,諸如日本時期,1922年給名為「私立淡水女學院」,1938年,配合日本學制,改為「私立淡水女子高等學校」;戰後改為「淡水女子中學校」;兩年後,1947年,淡水女子中學和淡水中學校合併,成為「淡江中學女子部」;1949年,獨立為「純德女子中學」;

到 1956 年，兩校又再度合併，改制為「淡江中學」，即今日所見之淡江中學。

[21] 根據相關資料顯示，女學堂當時招收許多年幼女孩，多為馬偕信徒家族中的女性成員。但衡諸當時臺灣社會的情境與條件，為培育傳教人才，「已婚婦女」的身份可能是比較方便且能發揮作用的，因此改採取招收幼女的女學校，和招收已婚婦女的婦學堂雙軌制。前者回歸為一般教育體系，後者則以培育傳教人才為主。前者後併入淡江中學，後者則逐漸轉型為女子神學院體制。

[22] 資料來源：林宜瑩，2014.10.27-11.02.「性平先趨 女學堂 130 年」，《臺灣教會公報》，3270 期。http://www.laijohn.com/PCTD-TW/0/before/1.htm

[23] 女子神學院的現址，乃是 1925 年由江玉蘭女士奉獻土地，1968 年陳楊罔長老與夫婿陳瑞棠捐贈大部分建築經費而成，定名為「女宣大樓」。1972 年舉行落成典禮。但目前則因為該大樓將進行都市更新工程，預估將搬離現址，四年後再回到原址。資料來源：https://tcnn.org.tw/archives/33869

[24] 馬偕博士 1872 年 3 月 9 日在淡水登陸，1873 年首次有五名信徒受洗，其後 12 人，本次為最多。馬偕博士娶張聰明為妻乃是 1878 年 5 月 27 日。

[25] 1975 年，教會設置滿一百年時，捐贈給大橋教會使用。

[26] 這座教會雖然設置超過一百年，但目前建築並非原貌。原建築於 2002 年 5 月 26 日凌晨遭拆除。彼時因長老教會拒絕被臺北市政府指定為直轄市定古蹟。後幾經溝通協調，將第一進依照原樣修建，後面增建大樓作為

教會各項活動使用。該教會建築於 2009 年 3 月竣工完成。

[27] 至於其搬遷走後留下的校舍空間，則成為大稻埕第二公學校，在新校舍尚未興建完成前的上課所在地，也就是後來的日新國小。

[28] 資料來源：https://women.nmth.gov.tw/information_65_39781.html

[29] 1897 年，日本人頒發的漢醫第一號。協助救治當時的霍亂、鼠疫等黑死病。曾任大稻埕區長、大龍峒區長及地方委員；1912 年明治天皇逝世，黃玉階與辜顯榮、蔡蓮舫、許廷光奉派參加葬禮，被推舉為參加葬禮的臺灣人代表，並覲見新皇大正天皇。當年穿戴的燕尾禮服與褒章，迄今仍以玻璃櫥櫃安置在至善堂中（許陽明，2009:106）。

[30] 黃玉階 (1850-1918) 為了個人的修持與傳道之便，創立了一所佛堂——「至善堂」，其緣由大致如下：黃在早年受蔡運昌的指派到臺北傳道時，最早在艋舺一帶聚徒講道，光緒 17 年 (1891)，艋舺人吳吉甫獻一地建立齋堂，名曰「與善堂」，黃玉階任堂主。日本領台後，地歸商業銀行所收買，黃乃遷居稻江日新街，以住宅為奉佛場所，其義女陳昌賢（施陳阿甘）亦立「福慶堂」於比鄰，由於兩堂教義實同，陳氏便請將兩堂合一，改稱「至善堂」。於 1915 年（大正四年）二月，經臺北廳長加福豐次的許可興工建築，於同年三月十三日落成，耗資六千圓，該堂高三層，為先天道開荒臺灣以來最新式的佛堂，四月二十六、七日兩天召集各地信徒舉行落成式。黃玉階過世後，由陳昌賢繼任堂主，並承黃濟世度人之遺志，屢屢捐資救恤孤貧、賑濟災荒。

[31] 資料來源：https://pedia.cloud.edu.tw/Entry/Detail/?title=%E9%BB
%83%E7%8E%89%E9%9A%8E

孫仁鍵　繪

2002. 5. 5 台北大稻埕

第四章

走向城市的女性樣貌

稻江揀茶行

　　「嫩紅窗色滿晴川。步步輕風拂翠鈿。纖手揀茶最辛苦。為郎贏得幾青錢。」（臺灣日日新報，1919.6.17，藝苑）

　　第三章提出從女性生命經驗的視角，來重新詮釋大稻埕的城市與空間變遷，以及性別社會關係鬆動的想像。前章集中於討論教育和解放纏足的主題，本章則聚焦於就業的議題。

　　資本主義社會生產方式需要大量勞動力，經過基礎教育和技能訓練的基層勞動力，成為資本主義生產順利大量積累的重要關鍵，更與日本統治臺灣時期，積極拓展海外影響力，加速其國家資本累積的意圖不謀而合。在這個大稻埕商業貿易繁盛的時期，女性被期待與訓練成為看護婦與產婆，或是以藝旦等性工作者的角色，遊走於城市空間；此外，大稻埕茶業生產需要大量的揀茶工，以及這些生意興隆店家裡，不可或缺的靈魂人物：老闆娘，都成了穿梭在大稻埕空間場景中的女性身影。從前述幾項女性從事的角色來看，女性在這個過程中，參與就業勞動市場的樣態，與其被設定的性別角色相當一致：善於照顧他人，因此可以轉型成為看護婦和產婆；柔弱、僅能以其女性特質取悅男性，而獲得經濟上的收益，性工作者是最典型的模式；或者是取得最為低階的，需要細心、耐心，但不被視為具高度專業知識的工作，例如工廠與商店中的老闆娘。

五四時期文人陳東原曾經撰述《中國婦女生活史》（陳東原，1928 ／ 1937）一書，被視為是中國婦女研究的開山之作，影響後世探討婦女生活歷史甚深。該書雖然分別從婚姻、禮教、婦女教育、婦德、性工作者、貞節觀、纏足與近代女權運動等主題切入，看似多元精彩；然而，其整本著作的主軸，在該書緒論即強調：「我們有史以來的女性，只是被摧殘的女性，我們婦女生活的歷史，只是一部被摧殘的女性的歷史。」這些話語看似有著強力的批判，然而，顯然是忽視了女性主體在歷史過程中的能動性。歷史學家高彥頤針對這本書提出了批判性的解讀。她認為，陳東原的觀點乃是架構在五四運動思維中，夾雜著國族主義情緒的、將傳統與現代對立的史觀。亦即，認為過去中國傳統一切禮教都是吃人的、壓迫且無從反抗的，意圖傳達出受害者的形象，無視於女性主體可能扮演的主動性角色，以及女性主體對於這些性別社會與權力關係的詮釋視角（Ko, 1994）。

　　更有意思的是，高彥頤認為，前述陳東原的著作雖然在史料蒐整上功不可沒，但過於靜態的史觀，偏重於女性跟「家」這個固著的思維，未能揭示「空間」這個概念對女性生活的重要性。舉例來說，具有文才的女性，在家、或在青樓，或在文壇，場所各異，但仍是從屬於男性。這些才女具有的品味與文化素養，與才子所具有的琴棋書畫文人傳統相仿，得以傳為美談佳話；然而，正是因為名媛與名妓之間的文化處境如此接近，才造成彼此之間

的利益衝突 —— 演成正室對妾室的排斥，或閨秀對名妓詩畫的輕視。這些文化上的性別狀態，來自於儒家社會婦女雙重性別身份 (double gendered position)（高彥頤，1995: 22），更與其所處的空間差異緊密相繫。由此拉出了我們如何從空間向度來思辯女性行動主體所具有的能動性，及其與歷史變遷的想像。也是本章從大稻埕空間向度切入討論女性生命經驗變遷的論述基礎。

一、港町與千秋街的茶葉世代：騎樓下的揀茶女工

大稻埕以茶葉的製造、販售與貿易起家，時至如今已經是廣為人知的歷史形象。1868 年英人陶德抵大稻埕，引入福建烏龍茶，1869 年起，開始以臺灣烏龍茶的品牌名稱外銷，打開臺灣的茶葉貿易事業的世紀。這個大稻埕商業繁華的歷史記憶起點，是經常為人訴說的故事。舉凡以此致富的李春生，或是英女皇讚頌的「東方美人」雅號等等，但似乎比較少人提及這些茶葉生產過程的真實情境。

先來看一下，在陳正祥的《臺北市誌》一書中，是如何描寫大稻埕與茶產業。

「同治年間 (1862-74 年)，臺灣北部茶業興盛，大稻埕開設了

許多茶館與茶行，成為一大茶市。劉銘傳治臺之時，計畫將大稻埕成為臺北的商業區域，曾大興土木，擴充並整頓街道，市容為之一振。……其後荷蘭、德國與美國之領事館，皆設於該區，實為臺北市最早有西式建築之地。當時來臺的外國人，除領事館及教會人士外，大部分為經營茶業的商人。此後本島的巨商大賈，亦多向此區移集，商務蒸蒸日上，繁榮超過了艋舺，成為本省當時主要出口貨物 —— 茶葉與樟腦等的最大交易中心。

劉銘傳治臺時期，大稻埕專製烏龍茶的精茶場多達 60 餘家，俗稱『番莊』；其中以外國人所經營的五行 —— 得記、美時、義和、新華利及怡和最為著名；此等新設的較大的茶廠，皆集中於建昌街、六館街及千秋街一帶。滿清領臺末期，大陸來台的貨物，多經淡水運入大稻埕起卸。1890 年左右，實為大稻埕最繁榮的時期。

日本侵佔臺灣之初，大稻埕的商業上能繼續發展，精製茶業迭有擴充；在 1915 年左右，此區設有烏龍茶館 60 餘家包種茶館 30 餘家，合計將近百家之數。每年輸出的茶葉約值 500 餘萬日圓。其後因基隆帶淡水興起貿易方向改變，商貨經基隆循鐵道運來臺北；內地貨漸少，日本貨漸多；大權操於日人手中，商業區之中心不久即從大稻埕移至城內。」（陳正祥，1997:7）

專研臺灣經濟史的學者吳聰敏 (1999) 曾針對 1895 年前後，臺灣的產出、工資率與物價做過研究，他換算提出一個可做為參考的數據：日本統治臺灣初期，1896 年的財政支出為 9,652,097 圓，但當年臺灣烏龍茶出口的金額為 6,463,140 圓 —— 亦即，僅烏龍茶出口金額，即相當於三分之二的年度財政支出，可以想見茶葉產業在各層面的影響力。

前述陳正祥文字所描繪出的場景，相當精確地點出大稻埕在十九世紀末，臺北城市發展與擴張的產業樣態 —— 艋舺、大稻埕，乃至於淡水等地區，經由外來茶商洋行所帶動的區域性動態變化，一直到從清朝政府的開發、日本統治的發展策略，以迄於因應整個殖民經濟擴張，全球產業分工所牽動的內部區位經濟調整，減弱對中國大陸經濟交易與依賴程度等面向。無庸置疑地，茶產業的生產與交易，是牽動前述一切經濟活動的核心，也是影響著大稻埕空間形貌的主要作用力。

事實上，大稻埕的茶葉製作與貿易乃是新時代的國際分工產物：無論輸出的茶葉品項是烏龍、包種或是花茶，都是由熟悉國際市場的洋商仲介，由大陸茶師引進製茶技術，臺灣本地商人四處蒐購北部丘陵所種植的茶葉，在大稻埕地區則形同半成品加工區，一直到由港口輸出，每個環節均需要緊密合作之外，茶葉從種植、採摘到繁複的作茶過程，都是高度勞力密集且需要專業經

驗的工作。其中，採收和揀選的工作繁瑣細碎，多被認定較適合由女性來負責。大稻埕可以說是臺灣當時最大的「茶葉再製加工出口區」。如同前章指出的，進入現代化的資本主義大量生產，其短時間內的龐大勞動力需求，急需要農村多餘人口來幫忙補充。特別是由於精製茶需要較為細心費眼力地篩選，被認為適合女性來擔任。因此，在務農地區被視為多餘的女性勞動人口，便得以選擇放下家務，來到大稻埕成為揀茶女工，隨著大稻埕茶產業的發達，成為女性的新興行業。

有意思的是，由於這個專業與人力的缺口極大，甚至形成了必須向對岸尋覓大量勞動力的現象。根據陳惠雯的研究指出，當時福建沿海丘陵一代茶葉栽培勝於臺灣，尤以安溪為最，藉由技術與交通之便，不少來自廈門的茶工與茶師，隨著茶葉季節往來與兩地。《臺灣日日新報》1906 年 4 月 17 日的報導，刊載了「製茶職工渡臺」一事：「本年新茶之出，比例年尤遲。既屢如本報所載，此時新茶尚未出現於大稻埕，而製茶職工，已多由漳泉福州等處，絡繹渡臺，據華民之所調查，近蓋及千四五百名矣。」另連雅堂《臺灣通史》亦曾記載：「茶工亦多安溪人，春至冬返，貧家婦女揀茶維生，日得二三百錢，臺北市況為之一振。」

《臺灣日日新報》一則名為「盼望修路」的報導，相當鮮活地闡述了大量人群匯聚的景象：

「昨因事到大稻埕枋隙街，間有一買賣菜蔬集合場，甚為繁盛。西聯大橋頭渡頭之地。頃早六七點鐘時，過渡人等，熙來攘往，絡繹不絕，極其擁迫，男多挑菜，女欲揀茶。苦於混雜難行，⋯⋯且又近於茶釐檢查所，人眾擁擠不進，竊恐狡獪之人，偷渡漏稅。⋯⋯方今政府整理地方，百廢具舉，況當市井改良之際，豈容貽害，想必有一番更新之日也，是所厚望於當道者。」(1895.7.26)

可以想見，當時在臺灣島內，帶動了多麼龐大的女性勞動人力的遷徙與移動，以及可能促成家庭與性別權力關係的鬆動機會。

特別是「揀茶」需要大量的人力。陳惠雯的研究即指出，這個時期大稻埕浮現了「人口女性化」的趨勢，亦即，因為大稻埕地區的商業繁盛，需要大量的勞動力，許多女性湧入此地，改變了當地人口結構的性別比例。1919 年，大稻埕人口已經超過六萬，其中外國人 5543 人，將近佔人口 10%。同一時期臺北城內人口僅一萬一千多。而《臺灣省通志稿》也提到：「揀茶婦女除鄰近的北部地區，亦有來自大陸者，其旅費還可以得到茶行的資助。」（陳惠雯，1999:68-69）可見當時需求人力孔急。

依據陳惠雯 (1999) 的研究資料，1896 年在大稻埕從事茶業再造的外國洋行包括了：和記、義和、嘉士、德記、永陸、瑞記六家洋行，再加上大陸與本地業者，共 131 家。受僱於茶行的勞動

者包含：製茶勞動者、茶箱製造者、茶葉鑑定者、揀茶婦女等四大類別。其中，以揀茶婦女類的人數最多，最多可能達到一萬人。

早期這些茶行地點多集中在港町、貴德街一帶。日治後期逐漸擴散至民生西路、延平北路，甚至重慶北路兩側巷弄內。民生西路日治時期稱為朝陽街，有眾多茶行林立，現在的王有記茶行，旁邊即設立了朝陽茶葉公園。

根據1900年的報導，這些揀茶的婦女大多是從一至二里外來工作，其中有些是裹了小腳的，也要走路到這裡來工作，多半是未婚的年輕女子，臉上塗著白粉，頭上別著鮮花。到了1903年的調查資料顯示，這些女性大多是14-18歲的女孩。但當然也有老婦與小童。當時在大稻埕的六家洋行之外，還有大小約150家的製茶行，較大的茶行，忙月間大概是雇用100-300名揀茶女，但若是存貨多，趕工時，甚至可能一家茶行僱用400-500人（陳惠雯，1999: 69-70），以這樣的雇用數量來看，平均每日出現在大稻埕的揀茶女工可能是兩萬人以上。換言之，想像在大稻埕這個街區空間中，每天至少有一萬五到兩萬名的女性，出現在這個場域中，不正是形構這個新興熱鬧的都市街道與城市空間為一個高度性別化的場景？特別是由於揀茶的工作需要比較好的光線，加上工作者人數眾多，無法完全容納在室內工作空間。因此，當時的街道、騎樓，都是揀茶者的工作場域。這也是當時許多大稻埕照片流傳

的重要場景與活動型態。

再依據另外一份資料，1930 年代臺灣製茶全職人員中，女性就業平均比例佔 54-61%，即約有 3000-4000 人之譜。而臨時性的採茶女工，僅 1905 年的統計，即約有 20 萬人，而這個數字還不包含再加工的揀茶女工（吳燕秋等，2015: 78）。臺灣當時 1905年的人口普查中，人口總數為 298 萬人，女性約為 140 萬人，換言之，七分之一女性人口從事茶產業的工作，可以想見，大量女性進入非傳統生產勞動力的行列，不僅可能改變原本的性別分工與社會生活樣態，對當時性別社會關係必定也產生相當程度的衝擊。

許多文人和到訪臺灣的外國人，對這群採茶女相當好奇，例如美國記者，後來成為美國駐台領事的達飛聲（James Wheeler Davidson，1872 － 1933）即曾描述：

「第一次在夏季來到大稻埕的訪客，常對夜以繼日擠滿該地的女孩為之咋舌稱奇。幸運的是，揀茶季節在這些含苞待放的羞澀閨女眼中，就像社交季節開鑼，個個濃妝豔抹，宛如美國少女的初次社交 (debut)。幸好，閨房蓬頭散髮，不思修飾的邋遢，與外出揀茶時抹脂擦粉、盛裝打扮完全相反——女孩穿上最好的衣服，梳妝細膩，髮型簡直像藝術品，還插滿芳香四溢的玉蘭花，危危

顫顫踩著三寸金蓮，登場亮相，準備讓茶市大眾為之驚艷。」（達飛聲著，陳政三譯註，2014：461；轉引自吳燕秋等。2015: 78-79）

這種充滿「春色」想像的描述，在《臺灣日日新報》也看得到：

「稻江當茶季，婦女爭揀茶者。朝暮間紅紅粉粉，幾如花事鬧春。」(1905.9.26)

「稻江當春季之間，所有茶行，老嫗少婦幼女，爭揀茶者，朝暮間紅紅粉粉，幾如花事紛紛。」(1906.06.07)

這些描述透露出許多重要的訊息。首先，如同前面所提及的，相當大量的女性出現在城市街頭，這不僅與過去女性不出家門的價值規範大相逕庭，重要的是，在大稻埕這個熱鬧街肆中，女性身影的出現，挑戰了過去性別角色的想像與期待，也符合本文所想傳達的，改為從女性生命經驗的視角來想像城市街道空間的形貌及其變遷。

不過，在這些報導中，也不乏仍是將女性視為被觀看凝視的女性客體，如同城市空間中的一種「景觀」，同樣取材自《臺灣日日新報》：

「稻江花片 稻江每年茶季,揀茶婦女如雲,隊隊紅妝,嬌娜媥婷,燕姬如玉,邁北地之臙脂,趙女似花,亞南都之金粉。花香茶氣過去又存。而鞋痕髻影,種種可人,街頭軒下,笑語歌聲,如流鶯花底,音韵清淒,令遊客心醉。迨乎夕陽在山,將賦歸與,延街盈巷,釵光掩映,素手相攜,較諸清明祭掃,城隍進香,殆有過之者矣。如斯花片,足令騷客添幾許清興,商人增無數精神也。」(1906.08.04)

這些話語間,將街頭出入之女性均視為可以供人欣賞的對象?可使人增添許多興致,也讓在地商人振奮精神?如此「意淫」般的窺視女性,的確有如法國詩人波特萊爾(Charles Baudelaire)以「遊蕩者」(Flâneur)為主角,在路上無所事事,四處窺看街頭景觀的主體狀態,來凸顯現代都市生活的樣態。

然無論如何,前述各種對於女性因外出工作而出現在城市公共景觀的描繪中,大致均強調這些女性走出家門,是經過盛裝打扮的,也和前述提及,在 1900 年的報導一致,女孩們出門是擦粉與戴著花的。而這個盛裝打扮在當時的社會意涵為何呢?目前雖然缺乏相關的資料來支持可能的詮釋,但應該可以確認的是,女性對於走出家門,乃是一種獨立主體性的表徵,不論是作為一個性別化的主體,或者是具有自我性別認同的主體。這應該都是有別於以往僅能被動地、在婚嫁等人生發展路徑上,無法取得任何自

主性的宿命情境迥然不同。此外，擁有打扮的物質條件，實則代表著在經濟上取得了一定的條件。易言之，從經濟上取得了進一步獨立的可能與機會。

　　從揀茶女工的經濟層面來看。揀茶女的工資多是以稱重來計算。平均每斤給 6 錢。工作熟練者一天可以揀 7 至 8 斤，即大約 50 錢的工資。要如何解讀這個數字呢？在《臨時臺灣舊慣調查》(1905) 中，曾經針對日治初期各階層的生計費進行調查。這個調查區分為上等、中等與下等社會。一般商家屬於中等社會；「下等社會」則包含小農、職工（木匠、行商、勞動者等），這也是臺灣社會人數最多的階層。依據這項調查，日治初期臺灣低所得階層，每日收入約在 40-80 錢之間。例如獨身木匠每日約為 60 錢，勞動者約為 45 錢。而同項資料列有日本人勞動者所得約為 80 錢。若以這樣的資料來對比，熟練的揀茶女工每日所能夠獲得的工資，已經是可以換得基本的立足與溫飽了。

　　再以生活型態的面向來看，對這些年輕女性來說，進入職場，也意涵著能夠進入公共空間，接觸不同的人群，擁有社交的能力與機會，參與社會化，這裡其實也意涵著有可能接觸到異性，獲得與異性相處、甚或是爭取自由戀愛的機會。擁有移動能力，擺脫原本無法出門的限制，也可能意涵著脫離家庭的限制 —— 這些許多來自淡水河兩岸的女性，在成為有薪勞動者後，有些為了

爭取工作機會，以及減少來回奔波之苦，有些人會選擇就近租屋而居。換言之，不僅因為工作取得了經濟上的獨立條件，也可能因此而脫離其原生家庭的生活型態，或者是得以較為遠離家族力量的控制或束縛，甚至得以發展出較以自我為中心的生活型態。

舉例來說，由於做茶有隨著茶葉生長的淡旺季，一年中夏天最為忙碌，從舊曆2月2日開始，到冬至前一個禮拜結束。因此，冬天淡季時，這些揀茶女工即可以閒下來到他處遊玩。此外，「揀茶」這種類型的工作，有利於兼顧其原本的照顧角色——特別是對育有幼兒的經濟弱勢女性來說，由於是採取臨時性的雇用與論重計酬，使得女性原本被設定的照顧者或是有薪勞動者，能夠有所緩衝。

不過，女性得以經由取得工作機會，獲得經濟自主的機會，走進城市公共空間，擁有公共生活；但同樣也會面臨其他可能的負面效果——正是由於當時缺工孔急，許多家庭若是為了生計，也可能為了要女兒去賺取生活費，而致使無法正常上課，甚至荒廢了學業的困境。

《臺灣日日新報》1905年暑假曾經出現一篇名為「臺北公學校預備教授」的報導，說明了學校為了避免學童因為揀茶荒廢學業的措施：

「開學之期又近，先於六日前，喚令生徒出席，教授如常，使其自然慣習，勿臨開校時，多有缺席之虞。況休暇中，值本島舊曆七月盂蘭會，又值茶業盛開，有茶館在學校區域內，男女生徒為賽會揀茶，故多慌忙。⋯故自本月二十六日始，使生徒日日出席，教授課業，至九月一日開校，必無缺席，故為此五日間之授業，為預備教授云。」(1905.8.31)

此外，女性雖然因為有薪勞動工作可以進入城市公共空間，但還是會面臨各種可能的性騷擾與歧視問題。例如 1901 年的《臺灣日日新報》即曾經報導，有大稻埕茶工「力掀孕婦」，使孕婦臥倒在地（吳燕秋等，2015:79）。1923 年 6 月 3 日，《臺灣日日新報》有讀者投書，指責建昌街某茶行，有一揀茶貧婦屢被司帳者調戲，回嘴反抗，對方惱羞成怒瘋狂毆打。投書人促請茶商公會研擬規約，告知各茶商並揭示茶工，嚴禁戲弄婦女。但事實卻是，茶行附近每每發生揀茶女遭侵擾的事情，卻得不到申訴或平反的機會，往往只是形成對女性更嚴格的告誡，提醒或要求女性要更謹慎在都市公共空間中的舉止（陳惠雯，1999:71）。這和今日每當發生女性遭遇性侵或性騷擾事件，總是傾向於責備受害者，的確也是如出一轍地，對城市中女性的人身自由與安全，相當不友善。

二、穿梭家與店的大稻埕老闆娘 [32]

雖然女性主義地理學理論提出二元空間結構，指稱著女性如何以其承受的雙重負擔，疲於奔命地對抗著這個二元分裂的城市。然而，有意思的是，大稻埕這些店屋裡的老闆娘，則似乎成為另一種因應、抵抗，或者和這個二元對立結構產生折衝與協商能力的要角。

大稻埕，特別是目前迪化街沿街面留下來尚稱完整的連續性的長型店屋，為臺北市區內相當難得的建築群落。一般觀者往往關注其建築立面造型在美學或藝術層面的引人入勝，較少討論這類型建築的真實使用狀態。這類長型店屋以其「前店後住」的使用型態，構成臺灣早期商業活動／店面的空間模式。換言之，相較於我們現在所習慣的專業店面空間營運形態，這類店面以建築正面臨街迎客，搭配騎樓空間遮陽避雨，利於選逛的商業行為，線性沿街的連續店面，讓逛街活動多元有趣，不僅有貨比三家的機會，遊走不同店家當場殺價，或是店家彼此之間的合作，都使得這些商業活動有機、人性化且充滿樂趣。

此外，這些店主不僅是自家住在長型屋的後方，經由幾進的區隔，保有生活的隱私；店屋挑高的閣樓空間，可能是囤貨的儲藏空間，也可能是小學徒或店內員工的宿舍。至於長型建築中間

挑空的中庭，帶來陽光與新鮮空氣，有可能是雅緻的小花園，但更可能是整理貨品的工作空間，或者是調製烹飪的廚房。這個前後的區隔，也可能是垂直向的區分，例如一二樓為工作或宿舍空間，三樓為住家。當然，許多店家最後一進，或是樓上的居住空間，仍可能是保留給家中女性長輩或未出嫁女性的生活空間。

這樣生氣盎然的店與家，使得在這裡做生意的老闆娘，成為貫串「店」與「家」的靈魂人物：西方城市化空間理論慣於以資本主義生產方式，亦即女性進入有薪勞動市場後的「公共場域」，和家庭「私人領域」產生二元對立的區隔，這個二元區隔還意涵著「生產」與「再生產」領域勞務內容的差異。職業婦女或已婚育的女性，往往成為在兩端穿梭遊走或疲於奔命的「生產領域－有薪工作者」和「再生產領域－家務照顧者」。但生活與工作在店與家之間的老闆娘們，提供了另一種想像的模式。

想像一下，前述提及，大稻埕茶葉生產時代的輝煌光景，每天大約兩萬名揀茶女工出入著，每家店的老闆娘，每日約照管著數百名的員工，會是什麼樣的每日生活場景呢？

根據陳惠雯 (1999) 所訪談到的某家茶行為例。茶行面積共 200 坪。一樓作為買賣辦事，旁邊有人負責整理花茶。後面約有一百坪的空間，是焙茶室。夏天是出口旺季，因此室內非常炎熱，要

準備大壺茶水供茶工和師傅解渴。一樓旁邊設有供帳房和來大稻程採買茶葉的華僑暫居的房間。後面為師傅房，大約二十坪，可供 20-30 位男士睡在草蓆通舖上。二樓前面供揀茶，中間當作茶倉和包裝場所，後頭設有廚房和飯廳。三樓為住家，出入由前面樓梯直接通往一樓大門，絕少使用後面的樓梯，而茶工也不會到三樓。一樓和二樓是經營及茶的再製空間，三樓是住家空間，雖然在機能上分層清楚，但受訪者也表示，茶行的生活就是種團體生活，動輒都是幾百人在出入忙碌，包括招來揀茶女工和焙茶、包裝的男工，可以說是完全沒有自己的家庭生活。

要安排這麼多人的一天飲食，可以想見備餐工作多麼繁雜與辛勞。每天要開十桌，一桌八個人，吃飯前以敲鐘通知樓上樓下的工作夥伴。每天包含早中午三餐，以及午晚兩頓點心。早飯是六點到六點半，午飯是十一點半到十二點；午點是下午三點；晚飯是五點半到六點；晚點則是九點鐘。「茶行」及茶行所在的生產活動空間，在人力和生產季節勞務密集，又整合店家經營和雇工勞動的茶葉再製，故同時兼顧著「生產」（精製、包裝、搬運）和「再生產」（勞動力的補充和休息）的功能（陳惠雯，1999:74-5），而老闆娘則成為同時兼營運兩個場域的無償工作者。

只不過，這個辛苦的無償工作者又經常是維繫家中生意不可或缺的靈魂人物。除了要幫忙照顧家中的大量工人，提供三餐、

點心和茶水的服務，更重要的是，藉著每天參與在揀茶女工等女性聚集聊天的場合，以老闆娘的人際網絡，交換各種商業情報。在這些穿梭家與店的空間場景中，一方面可以看到這些身兼數職的老闆娘，通常是極為辛苦地積極參與在家庭商業活動中，但通常並不是為「自己」累積財富，而是為父系家庭／家族的商業利益在奮鬥著──亦即，這儼然是父權家庭性別照顧關係的延長，立基在女性對於家庭的無償照顧，累積為家戶／家庭／家族的財產；但另一方面，又不可諱言地是，這個得以從家庭私人領域，經由經濟活動，進入都市公共領域的過程，也可能是為女性創造某種得以獨立運作，取得經濟獨立的機會，成為一體的兩面。

而在陳惠雯的研究發現中，有另一個現象也值得延伸討論，即傳統所認知的婚姻與家庭關係及其界線。由於當時考慮繼承及社會習俗等因素，有許多是收養或童養媳等非直接血緣親屬關係。從其經驗研究來看，這些家族內部的親疏遠近，未必直接由血緣所命定，反而是經過每日日常相處與情感的互動，經營出情感關係。大稻埕擴張過程中的商業繁盛，與其親族網絡有密切關係。亦即，從商家內部的雇用，一直到遠近親疏親戚之間的任用，許多學徒獨立開店，也往往跟母店保持良好聯繫（陳惠雯，1999:142）。可以想像，大稻埕的空間變遷，從原本獨棟的長型店屋，隨著親族間的生意網絡擴張，一直到家產間的世代轉移，分家或店面商業活動的延續與繼承，在遷移與整合之間，有著相當

複雜與有機的變化。

從 1980 年代後期，因著臺北市的都市空間擴張，以及這些長型店屋的逐漸老化，許多商家逐漸開始購置新的不動產，而將家庭居住空間移出大稻埕，這個區域逐漸朝向單純商業店面的建築與土地使用模式。前述動輒上萬人 24 小時無休地同時在大稻埕精製茶葉的工作場景不再，這些穿梭於家和店的老闆娘也早已往返於另一個「家」了。那個前面做生意，後面或樓上是住家的空間使用型態改變後，留下來的都市空間議題變成了晚上七點以後，大稻埕主要商街上幾乎都熄燈，和臺北市其他地區，大都是住商混雜的使用狀態，形成另一種對比。而這百年來居住與使用這些建築和街道空間模式的改變，其實早就已經歷經了一場寧靜的女性空間使用變化的革命了。

三、性別化職業的積極主體：從「藝旦」到女中

前述提到大稻埕的店屋空間中，有個相當有意思的使用機能是，提供前來採購茶葉貿易商或華僑的臨時居所。可以想見，當時為了要伺候這些金主，勢必要提供相當良好的服務與照顧。也因此，大稻埕在地的商業娛樂休閒等產業活動，成為臺北城市發展過程中，相當關鍵的起源地之一。提及都市休閒娛樂，餐飲

固然為其中不可或缺的要角，與此同時，具有性別意涵的「服務」與產業，似乎無法忽略「藝旦」這個職業。

藝旦的年代大約是從 1880-1940 年間。又作藝姐，為臺灣清治時期至二戰結束期間的一種女性行業，主要集中於府城和臺北大稻埕，於宴飲時陪侍或歌舞表演。俗諺：「未看見藝旦，免講大稻埕」，或是「登江山樓，食臺灣菜，聽藝旦唱曲」，這樣的消費文化現象，與大稻埕當時的商業發展密不可分。根據 1930 年報刊所載，214 位藝旦的來源分佈分析，其中 90 人來自大稻埕。

「女性性工作者」始終被認為是恆常存在的一種常態。然而，「藝旦」所指涉的歡場女性，在宴飲場合提供陪侍服務外，尚須具備彈琴唱曲，甚或吟詩作對，還要能粉墨登場等等的才藝。也因此被視為是相較於一般的女性性工作者，更具有文化資本，而非僅僅依其外貌，在飲宴場合酬酢餘興而已。特別大稻埕這一帶，在 1920 年代之後，整個近代化藝術文學等文化能量在此匯聚，不管是傳統漢文化背景的文人雅士，或者是接受舶來摩登文化洗禮的知識青年，讓繁華富裕的大稻埕，其豐衣足食後的喧囂市井生活，藉著江山樓、東薈芳、蓬萊閣、春風樓等高級飲宴場所的奢侈大氣，再加上「藝旦」的粉味點綴，共同描繪出二十世紀初，臺灣上流社會城市景觀中的豔麗風華。

「藝旦」的養成需要相當的光景。在日治時期，藝旦必須通過考試，取得「鑑札」才能夠執業。這些小女孩通常是六七歲左右離開原生家庭，送到較為年長的藝旦或是老鴇處，從小開始栽培這些藝旦。從小訓練儀態與應對進退，要拜師或送進私塾，習字讀書，也要學習彈唱、吟詩、作曲；包含學習琵琶、三弦、揚琴等樂器，以及大小曲或是南管等戲曲；還要能於酒席間，陪伴酒客猜拳助興。大約經過三年以上的磨練後，即可以隨著年長藝旦出席宴會場合。許多藝旦出道時可能才十二、三歲。到後來，藝旦出席宴會場合，可能會帶著專屬的演奏或戲曲團隊，或是自彈自唱，或扮裝藝閣，添伴奏鑼鼓唱歌，或動態的唱戲、舞蹈等等，漸漸發展出專業藝能表演的藝旦，以職業演出為主，宴會的陪伴反而成為兼職。

　　「藝旦」的運作生態與大稻埕的宴飲文化緊密相連，形成一個綿密的運作網絡。因此，其分布的區域，大致也是依附於這些餐飲娛樂場所所在區域周邊。除了因應這些宴飲酒樓，各類慶祝或紀念活動，需要藝旦前往服務之外，她們也有自己招待客人的場所，即所謂的「藝旦間」——同時做為藝旦居住與服務客人的所在。根據陳惠雯的研究，藝旦間的分佈，以寧夏路一帶最多，其次為延平北路二段一帶。這兩區為大稻埕繁榮地帶的後街。當藝旦能獨當一面，有自己穩定收入時，即可能會租用後街二層樓的屋子，作為自己的藝旦間。逐漸形成了所謂「一樓一妓」的景況，

即一家藝旦間只會有一名藝旦（陳惠雯，1999: 79）。可以想見，藝旦間乃是這些女性勞動者接待客人的重要空間，必須要花心思妝點與整理。此外，正是由於「檢番」管理制度的存在，在戰後逐漸從藝旦間過度、轉型為公娼館，這也意涵著城市管理對性產業的態度。

　　1922 年 3 月 20 日，日文版的《臺灣日日新報》以「臺灣的藝者：藝姐」漢字標題，介紹了藝旦這樣的行業。其內文主要是援引日本國內的「藝妓」來類比，說明這些女性在酒宴旁的陪伴服務工作之餘，也必須要學習南北管等曲藝，以在大型宴會上，和專業樂師合奏演出等等，提供專業的娛樂服務。這些藝姐的身世也和日本內地相當類似，許多是出身窮苦家庭被賣掉的小女孩，大約是以三百圓之譜被賣掉，以養女的身份習藝，大約在十二三歲出道，而在二十四五歲左右，即可能因為年歲較長，要開始另謀他途，包含覓得良緣，或是繼續收養年輕女孩，培養下一代的藝旦。這些藝姐通常一次出席服務是三小時左右，每次大約有五圓的收益。有些是跟這些料亭合作，有的則是自己經營藝旦間。在藝旦間的費用，每個人可能從六十圓到千圓不等。文章的最後，作者以日本內地包含京都、名古屋與新潟等地不同的藝姐，對照於在臺灣也有南部北部的差異。而北臺灣以往包含板橋、新莊與士林等地，如今則是以大稻埕、萬華和板橋等地較為知名。全臺灣當時約有四百名的藝旦，他們的收益，每月純益約為兩百圓。

這篇報導文章也仔細地描繪了藝旦間的裝潢擺設：「藝旦間進門正面就是裝潢豪華的床鋪，有用金絲銀絲的花鳥刺繡的床單，掛著如薄紗般的垂帳隱約可見。房間右側是洋式的鏡台，另一側則是放置衣櫥或茶具等器具。中央有圓桌，放著兩三把椅子，也有搖椅。房間有十個塌塌米大。」

這篇將臺灣與日本經驗對照的「藝姐」報導文章，相當有意思地引出兩個問題，其一是關於日本官方的管理制度，其次則是這些女孩們的坎坷身世。

在日治時期，除了前述提到，藝妓／藝旦須領得執照才能夠掛牌營業，同時，日本政府也以「檢番」這樣的組織來列管藝姐：凡是領有執照者均須納入管理。當時臺北共有三個檢番，其中臺北檢番、萬華共立檢番列管的為日本藝妓，而大稻埕檢番則為臺籍藝妓組織。根據 1940 年的統計，臺北檢番有 124 人，萬華共立檢番 31 人，而大稻埕檢番則有 114 人。「檢番」有組織地成為日本政府推動相關政策，以及藝姐管理的有效組織。包含徵取娛樂稅、營業稅金，或是例行的性病檢查等等，甚至到日治後期，推動國語運動，也都透過這樣的組織來運作。

根據《臺灣日日新報》報導，當時全臺灣的藝姐約有四百人之譜，大稻埕即占超過四分之一。在陳惠雯 (1999) 的研究中提到，

大稻埕藝旦的全盛時期約為 1918 至 1920 年間，大稻埕一帶的藝旦，可以說是高視闊步神氣十足。然而，在 1934 年大稻埕檢番正式登記有案的藝旦已經只有 82 名 (陳惠雯，1999:82-3)。

這個數字的改變部分原因來自於當時歷史條件情境使然，部分則是整個社會的性別歧視困境並未完全改變。另一方面，由於 1930 年代後，大東亞戰爭使得日本對臺灣島內採取戰時體制的緊縮政策，整個社會氛圍丕變，物質條件漸趨匱乏，當然也就不容許飲酒歡宴的氣氛，使得藝旦這種歌舞昇平盛世時期的產業活動，自然受到最直接的衝擊。其次，隨著資本主義社會運作的擴張，許多新興的服務產業浮現，也開始需求大量的女性勞動力——1930 年代後，女性的工作選擇與機會，隨著女性接受教育機會的普及而增加；而即使是低階的勞動女性的服務業類型也出現大幅變化。例如，早先從料亭、餐飲服務所需要的如藝旦、酌婦等，後來逐漸擴增出咖啡店、喫茶店、西餐廳、跳舞場等新興都市休閒消費與社交場合，這些營業空間需要的人力包含女給、女中、酌婦、舞女等等。如此一來，隨著都市消費場所增加，需要的人力缺口變大，女性取得工作機會增加、門檻變低，也不需要像藝旦經過一定階段的專業訓練，自然也促使藝旦這類工作人口減少。

然而，最重要的因素還在於，藝旦的誕生往往來自於貧苦家庭的女兒，通常是被原生家庭，或是以童養媳、養女、查某嫺等

身份被賣掉。大稻埕檢番即曾經進行身份調查發現，大稻埕 105 名藝妓中，有 92 名是養女出身（陳惠雯，1999:86-7）。這些藝旦往往要藉著賣藝的過程，為自己尋覓良好的姻緣，作為人生出路，但通常嫁作姨太太已經是被視為好的機會。許多藝旦，最後成為性工作者，只能藉此來養活自己或家人。也有的藝旦以收養養女，培養下一個藝旦，作為維生之道。易言之，雖然相較於傳統女性，藝旦取得更多參與公眾生活與社交的機會，也突破傳統社會價值對女性的諸多規範和限制，甚至，有些可以憑藉自己的能力，取得經濟上的自由與生活方式的自主，從女性生活史的脈絡來看，仍有其積極性的歷史價值與意涵。但顯然，當擁有更多選擇的機會和權力時，身為「藝旦」不會是個最吸引人的選項。

此外，在大稻埕也會流傳著某些具有強烈父權意涵的性別歧視的空間言語。例如，延平北路為主要的商業街道主軸，其巷道通常會被稱為「大某巷」，以相對於被稱為「細姨巷」的許多囊底路小巷。意指著許多有錢富商，會在這些小巷裡，有著妾室；或者是在這些巷弄間，有著「藝旦間」或是「私娼館」等等空間場域分佈著。「細姨巷」是否具體指稱哪一條街巷如今並不確切，但在這些言語的傳遞之間，總之隱含著以延平北路為主軸，亦即是「正室」為大、為尊，而這些狹窄巷弄，則隱藏著些見不得光的、具有主次秩序權力階層的空間關係。

在西方歷史中，所謂的「public women」：「公眾的女性」，指的就是在街上的女性，也就是暗指著女性性工作者。好女人在公共空間是沒有位置的，因為她們是被去除性別主體性的，是僅屬於私人領域／父權體制的。而希臘雅典城邦(polis)西方社會美好的民主原型／公民直接民主，想像著所有公民具有同等的權利，這個想像也僅是建立在具有財產權，能夠獲得知識的男性公民階級之間。所有的窮人、老人小孩與女人，是不具有任何公民權利的。至於希臘雅典城市中的市場與廣場，不論是阿果拉（Agora）或是 forum，是一個具體承載著人際之間的各種交易，包含「以物易物」、意見交流，自然也包含著來自不同背景人類之間的態度與思想的交流互動。公共空間與公眾生活，是經濟生活，更具有社會互動的特徵。

「公共女性」在遠古的希臘城邦中是個負面的符號。然而，在1920 年代的臺灣，正要起飛且喧鬧的大稻埕市井煩囂中，「藝旦」這樣特殊的女性身影，成為辨識城市地景意象，尋找女性歷史形象，一個極為獨特的存在。因為她們得以透過自身取得經濟獨立的可能性之間，突破原本被父權框架所限定性別主體身份，成為得以在城市空間中漫遊的主體。甚至，為大稻埕後續的產業發展，留下一個美麗的尾巴。為什麼這樣說呢？

藝旦的性別角色意味著女性可以經由職業生活進入公共領

域，參與公共生活，享有在經濟、身體、婚姻等自主權。此外，也是帶動當時「流行」，或是牽動地區性經濟與產業發展的一股力量。1942 年，一份街頭服裝調查資料顯示，在太平町菊元布行前走過的 766 位年輕婦女中，有 538 位穿著洋服，12 位穿著和服，170 位穿著本島服飾(陳惠雯，1999:83)。換言之，在當時意味著時髦流行的大稻埕街頭，服裝品味與風格選擇表徵出了當時社會的趨向。由於大稻埕地區孕育出大量新興的都市休閒消費產業，如前述提及的咖啡店，喫茶店、西餐廳、舞廳等等，不僅需求大量女性勞動力，而與藝旦類似，這些服務業女性也經常必須添購行頭，製作新穎服飾，連帶地帶動了大稻埕一帶的「時尚產業」，包含今日大眾所熟知的布業，以及與紡織、纖維、布料、服飾、配件等相關周邊的龐大產業鍊，以及欲推動文創產業中的時尚設計，也想從這裡找尋臺北城市時尚的歷史感。

四、看護婦與產婆

出生於 1899 年的蔡阿信，原本出生於艋舺，母親在阿信五歲的時候，因為丈夫亡故，想將她送給大龍峒一位牧師當童養媳。小小的阿信卻自己從大龍峒走回母親家，這樣的事情發生兩次後，領養人放棄領養，母親也就帶著她再嫁。幸好繼父很疼愛阿信，不僅捨不得母親為她纏足，也讓她上私塾。八歲到大稻埕公學校

讀書，最後是班上唯一的女學生。十二歲到淡水女學校上學，是第一屆的學生，也是班上年紀最小的學生。十八歲畢業時，女學校的老師建議阿信到日本醫校進修。1917 年，阿信進入日本唯一的東京女子醫學專門學校就讀。1921 年學成返國，成為臺灣第一位接受完整現代醫學訓練的女醫師，專長是婦產科。蔡阿信醫師的故事人們或許聽聞，但故事寫到這裡，也讓人赫然驚覺，如果沒有前述提到，給小女孩上學受教育的機會，從大稻埕公學校趕上淡水女學校，我們今天或許就沒有機會看到，蔡阿信醫師的感人奮鬥故事了。

　　1924 年，蔡阿信在日新町的自宅開業。短短兩年後，1926 年，蔡阿信就到台中開業，創辦「清信醫院」，為臺灣中部地區心事婦產科重鎮，在醫療與社會救助服務均享有清譽。其行醫救人的身影雖不復出現在臺北的大稻埕，然而，她的醫院所附屬的「清信產婆學校」，每半年招收 30 個學生，每期一年，食宿都在醫院。每年畢業 60 個學生，不到幾年，便培養出了兩三百個受過專業訓練的產婆，遍佈臺灣。具體改善臺灣婦女生育的公共衛生課題，建立起從產婆到專業醫院的完整生育醫療輔助體系，大大降低婦女的生產致死率。然而，阿信醫師與臺灣的緣分似乎有些坎坷與短暫。

　　東亞戰爭期間，因為許多人擔心女兒學醫後，會被徵調到戰

場，就讀產婆學校學生越來越少，蔡阿信便在 1938 年關閉學校，前往美國，在哈佛大學等醫學院進行短期拜訪或研究。雖然戰爭結束後，蔡阿信終於在 1946 年回到臺灣，但 1947 年即因 228 事件，再次遠走加拿大。此後，就幾乎以加拿大為家，即使曾經短暫回來創辦基金會，但最終仍是於 1990 年，病逝於加拿大。

這位女醫師的故事感動人心。部分的場景也發生在大稻埕。然而，在蔡阿信開業之前，臺灣最早的婦產科醫院，的確也是誕生於大稻埕。

臺灣的婦產科臺灣的婦產科最早是在 1899 年從臺北醫院（今臺大醫院前身）的外科獨立出來設科，時稱「產婦人科」，由川添正道擔任首任主任；1901 年，「產婦人科」改稱「婦產部」。1907 年，川添正道開辦專收臺灣女性的的產婆講習生訓練，總督府醫學校（今臺大醫學院前身）畢業的黃登雲、鄭承奎、方瑞璧三位台籍醫師，先後在川添氏領導下，成為婦產科「拓荒期」人物。

高敬遠，景尾（景美舊名）人，總督府醫學校第 14 屆生，和蔣渭水是同班同學，1915 年畢業。畢業後奉職臺北醫院，最初在齒科，後因產婦人科的方瑞璧辭職，該缺有三人志願填補，高敬遠為其中一位，第二任婦產科部長迎諧（臺北醫院醫長兼）以高

敬遠的成績較為優秀，決定錄用他進產婦人科。高敬遠於 1919 年蒙迎諧在醫長會議席上推薦當「醫官補」，相當於委任級醫官，是臺北醫院第二位臺籍的醫官補（第一位為翁瑞春）。

1920 年，高敬遠請辭自行創業，考慮到大稻埕人口眾多，卻沒有專門的婦科醫師，該年八月，在六館街二丁目七番地創設臺灣第一家私立婦產科醫院 —— 高產婦人科醫院。醫院所在原本是豐源典當舊宅[33]。至 1922 年的報載，一年間患者六千名，有遠自對岸（指中國）來就醫者，對於貧困的患者，依舊施療。

1926 年，高敬遠在鄰近的永樂町一丁目 21 番地[34]營建三層樓的小型醫院，擴充設備，可收容 20 名患者，於該年 10 月 2 日落成啟用，落成典禮在新建成的「高產婦人科醫院」樓頂陽台舉行，臺北醫界、各界人士與會，曾任醫學校校長、臺北醫院院長的「衛生總督」高木友枝博士代表來賓致賀辭。

有鑑於嬰兒死亡率高，1929 年，高敬遠與呂阿昌、陳春坡等臺灣人醫師向州廳提出申請籌設「臺北看護婦產婆講習所」，講習所就設在高產婦人科醫院內。該年 5 月 15 日舉行開所典禮，醫學校堀內次雄校長、臺北醫院院長、杜聰明等人與會，講習生共 27 名。

從蔡阿信醫師到高敬遠醫師的開業經驗，大致都可以發現，他們所處的時代，臺灣現代醫學也才剛起步，人員需求孔急。而從婦科產科的需求來看，最直接影響的即是女性生產時的醫療安全與保障。也因此，這兩位婦科專業醫生均有志一同地著手培訓產婆。

　　在現代醫學引進臺灣之前，婦女生產大多經由村里間有經驗的婦女協助接生，即使是專門從事接生的產婆，也多未具備充分的相關醫療知識。過往婦女因為生育過程不順或感染而死亡的案例所在多有。日治初期，現代醫學知識與教育體系逐漸在臺灣建立起來。1897 年，臺北醫院即設置「看護婦養成所」，開始了公立護士的養成教育。但此時，尚未制定產婆培育的專業管道。1902 年，臺北醫院制定了「產婆養成規則」，以看護婦畢業而成績優良者，再進行相關訓練修業一年，即可成為產婆。不過，這個階段的產婆訓練均僅限於日籍婦女，臺灣女性無法獲得這樣的教育機會。而看護婦的部分，臺籍與日籍的錄取率為一比六。

　　然而，因日籍看護婦和臺籍病患之間的語言隔閡問題，故臺灣總督府接受臺北醫院院長的建議，於 1907 年制定「助產婦講習生規程」，規定在既有的日籍產婆本科之外，另以公費的方式招募臺籍女性，設置臺籍產婆的速成科，培訓公學校畢業，16 至 40 歲，品行端正、身體健康的臺灣女性，教授接生相關醫學知識與

技術。修業期間為一年，講習完畢後，通過考試及格，才能取得產婆執業執照。

　　要成為專業護理人員相當不容易。依據「臺北醫院看護婦養成所」的規定，其招收對象為 15-20 歲的未婚女性，且有小學高等科畢業或高女二年級以上的學歷才能報考。考試科目包括日文、數學、史地、作文等，還有口試與健康檢查。入學後，主要學習科目則包括生理解剖、一般護理、內外科學、小兒科學、婦產科學、眼科學、耳鼻喉科學、牙科學、皮膚科等專科，還有藥劑、細菌學、繃帶、急救、傳染病學等專業技能。在學期間學費全免、還提供食宿，一邊上課，也一邊在病房實習。早期每個月還可以領 15 元的月薪，是個專業且有前途的婦女職業。[35]

　　1922 年，總督府又發佈「總督府醫院助產婦講習所規程」，除臺北醫院外，臺中、臺南兩醫院也附設了產婆培育機構。1923 年，總督府將看護婦與助產婦的訓練規程統一，並合併為「看護婦及助產婦講習所」，分為看護婦科與助產婦科。其中，助產婦講習仍以日臺籍區分，分為本科與速成科，即修業年限的差異，前者兩年，後者一年。畢業後即可以從事相關工作。

　　然而，即使培養出一些專業的產婆，但仍不敷當時激增的誕生人口，臺灣南北各地，許多醫生紛紛創辦私人講習所，培植

婦女協助接生。日本殖民政府也在北、中、南三地積極開辦產婆講習會，除了講習所畢業後可直接從事看護婦工作之外，日治中期以後，為了開放更多看護婦就業管道，1924 年，總督府再次放寬看護婦與產婆的人才培育機會與管道。其修訂相關規則，指出若自行參加產婆考試及格，或畢業於指定的私立助產婦學校、產婆講習所等，均可以透過官方考試，取得經地方長官許可的合格證書，以從事相關工作。

可以想見，透過這個相關辦法與資格的修訂，對臺灣當時提升產婆與護士人數是相當有助益的。包含蔡阿信的「清信醫院產婆講習所」，或是高敬遠的「臺北看護婦產婆講習所」，都是這些辦法修訂之後的產物。然而，1920 年代後，臺灣接受過完整醫學教育訓練的執業醫生仍屬少數，婦產科醫師更是有限。即使有婦產科醫生，但婦女受傳統禮教的影響，也很難接受男性醫師來協助接生。因此，當時蔡阿信醫師便曾經提到，她認為自己每天最多只能接生五個小孩，如果多一點受過專業訓練的產婆，一定可以減少女性生育時所面臨的生命威脅。[36]

1927~1936 年間，官、私培育相輔相成，讓產婆這個專屬女性的職業十分蓬勃，而民間更經常傳頌：某某產婆翻山越嶺為產婦接生，並搶救危急難產等事蹟，讓新式產婆專業熱忱、獨當一面的形象深植人心，一改古代鄙視該職業為下流的「三姑六婆」，

而成為和女醫師、女教師並駕齊驅，受人敬重的女性新行業。

　　根據 1937 年的臺北市女性勞動者收入調查中的資料顯示，收入最高的是女醫師，每個約收入最高為 300 元。其次則為產婆，最高每個月約為 250 元，比女教員的 230 元還要高。至於看護婦的收入，每個月最高可以到 150 元，大約僅次於藝旦與女給等人。換言之，一旦能夠從「看護婦及助產婦講習所」畢業，在當時，不僅是相當有保障且收入優渥的女性職業，也是女性可以經由專業，取得為社會服務的機會，積極參與在公共生活中。從女性主體的角度來看，也再次證明，女性可以依其自身的努力，經過專業訓練，藉由取得工作機會，建立經濟自主的條件，尋求自身所欲追求的生活態度與人生價值。

　　最後，再從另一棟被拆除的美麗建築，來訴說女性身影參與在公共領域中，貢獻於社會的大稻埕歷史：一段關於戒除鴉片與更生的故事。

　　日本政府統治臺灣時，對鴉片的態度是相當曖昧的。一方面，看似基於國民健康的理由，採取要求戒除的態度；但另一方面，又覬覦著鴉片貿易帶來的龐大商機。因此，在日治初期，對吸食鴉片者，採取開放登記，以特許的方式，允許到特定的商店購買，形同以特許和價格管控的方式，意圖斷絕新的吸食者。1897-1900

年間，當時總督府登記發出的特許吸食人口有 16 萬 9 千多人，將近十七萬人之譜。以當時全臺灣約三百萬人口來說，比例相當高。但諷刺的是，總督府仍在持續地發出鴉片吸食的特許許可，最高曾經發到 22 萬 5 千張。這使得蔣渭水、林獻堂、蔡惠如、蔡式穀等人，憤而於 1929-1930 年，向日內瓦國際聯盟告狀，指控日本政府特許臺灣人民吸食鴉片，乃是違反國際條約的人道精神。雖然日本政府一直到 1945 年 6 月 17 日才結束鴉片的專賣，但當時為了平息國際上的壓力，總督府於 1930 年緊急公佈了「臨時阿片癮矯正規程」，設置臨時阿片矯正所。三月，公布「阿片癮矯正手續」，從四月一日起，臺灣各地陸續設置矯治鴉片上癮的「更生院」。

1930 年設置臺灣總督府臺北更生院。由杜聰明擔任醫局長。建築原為大稻埕林清月醫師[37]的私人醫院（為臺灣第一座私人開設的綜合醫院）。從 1930 年到終戰，全臺灣共矯治鴉片吸食者 20368 人，臺北更生院即矯治了 11498 人。為臺灣醫療與公共衛生史上的重要史蹟建築。[38]更生院剛設置的時候，全院收容人數可達到 150 人，為了因應收容人數的龐大數量，同時也在此設置「更生院看護婦養成所」。招募對象及條件與前述其他養成所類似，須通過學科測驗及口試，以兩年的修業期間，授予必要的學科與技術訓練，並提供見習生宿舍，畢業後即可取得正式的看護婦資格。

這個紀錄臺灣近代公共衛生與醫療歷史的重要地點，雖然因為文化資產爭論，其優雅美麗的建築已經被悄悄剷除。但女性看護婦在這個歷史地點，為臺灣鴉片癮患戒除毒癮，重新獲得健康的點滴付出，再次見證大稻埕在現代城市發展與擴張的過程中，女性主體參與在這個歷史的轉折與關鍵變換時刻，其實並未缺席。從女性參與的生命經驗，提供我們另外一個觀看、理解與詮釋臺北城市發展的不同視角。

五、從女性主義城市到反公共領域？

本章起始採取了歷史學者高彥頤提出的「性別化位置」(gendered position) 與空間之辯證關係的分析視角，乃是試圖以空間場域的變動狀態，重新「問題化」女性被賦予的性別社會角色，提出性別與城市空間歷史不同的詮釋視角。易言之，試圖從原本習以為常的、被設定過的父權體制觀看與理解視角，重新建立起以女性生命史來觀察城市變遷的歷史詮釋。然而，高彥頤所提出，條件背景類似的女性主體，會因其所在空間場域的不同，而得以逃逸於原本的父權社會性別宰制框架。換言之，需有取得在不同空間中「現身」與「在場」(presence) 的機會與權力。在高彥頤所研究的明清時代女性生活內容中，當時所流行的遠遊休閒模式，即伴隨男性共同出遊，成為遠離閨閣空間的主要機會（高彥頤，

1995）。而大稻埕女性所處的社會時空中，則是以進入資本主義生產方式中的職場，來取得移動的可能與自主的機會。

女性主義地理學者意識到資本主義生產方式的社會運作裡，忽略了生產與再產生場域的性別分工本質，及其所引動的空間區隔課題。如同社會學家爾瑞很早期即提出的論點：「空間關係乃是被社會生產與再生產的。」(Urry, 1981)，如此說來，在資本主義工業化過程中，都市空間的區隔，反映且影響了性別分工、女性在家庭中的角色、以及生產場域與家庭生活的隔離等等 (McDowell, 1983：62)。這樣的論點固然具有性別分析批判的價值，但多仍是聚焦於英美世界的女性／家庭生活經驗與性別分工樣態。

從性別與空間討論開始在英語世界受到關注的 1980 年代，一直到較晚近出版的女性主義地理學學術論著，轉向開始強調對女性參與生產場域的多元視角想像 (Nelson and Seager, 2005)，這個論述位置的改變，自然也意指著對城市空間及其變遷的多樣理解與詮釋，且意圖透過差異政治 (difference politics) 來重新取得性別空間的發言權，乃至於提出反公共領域 (counter public spheres) 的裂解與再公共化其政治性意涵 (Fraser, 1990)。

大稻埕城市空間變遷的性別視角下的臺北城市生活空間經驗，或者說，臺灣的城市商業活動與家庭生活兩者間，生產與再

生產場域重合的獨特性，及其所社會生產的性別與空間關係，顯
然還有許多值得持續挖掘與討論的。

³² 這個概念的啟發可說是來自於陳惠雯的碩士論文，《城市、店、家與婦女——大稻埕婦女日常生活史》，台大城鄉所碩士論文 (1997)。及其後來改寫出版的《大稻埕查某人地圖：婦女的活動空間近百年來的變遷》(1999)。大稻埕商家特殊的住家與做生意混合的生活模式，相當程度是顛覆了我們過往所學習到，西方、英美城市規劃思想中，對於資本主義生產方式的社會形態下，居住和工作之間嚴格的土地使用分區規範的想像與價值。

³³ 1922 臺北市町名改正，這裡改為太平町二丁目 103 番地。

³⁴ 俗稱「六館仔」；今塔城街與南京西路交叉處。

³⁵ 資料來源：「展現專才——犀利看護婦養成計畫」中研院台史所檔案館，臺灣女性檔案百年特展。http://herhistory.ith.sinica.edu.tw/Story08.html

³⁶ 資料來源：「從穩婆到產婆——臺灣專業助產婦養成計畫」中研院台史所檔案館，臺灣女性檔案百年特展。http://herhistory.ith.sinica.edu.tw/Story13.html

³⁷ 林清月 (1883-1960)，臺南人。18 歲北上就讀臺灣總督府醫學校 (第四屆)。畢業後在「赤十字社（即紅十字會）臺灣支部醫院」（今市立中興醫院前身）與「臺灣病院」（今臺大醫院）服務，對鴉片成癮患者之戒除頗有心得。1919 年在大稻埕建昌街 (今貴德街) 創「宏濟醫院」，由於醫院生意越來越好，又在今涼州街和重慶北路交叉處，規劃了臺灣第一所私立綜合醫院「更生醫院」。然因借款過多，在資金週轉不靈下將產權移轉給「臺灣工商銀行 (原臺灣貯蓄銀行)」以償還債務。「臺灣商工銀行」

於 1923 年又合併「嘉義」、「新高」兩家銀行；1949 年改組更名為「臺灣第一商業銀行」，1976 年再更名為「第一商業銀行」。

[38] 二次世界大戰終戰國民黨據台，在 1954 年 11 月 25 日成立「光復大陸設計委員會」時，又再度徵收這棟建築做為委員會的會址。1990 年李登輝成立國統會主導臺灣海峽兩岸關係，隔年又設立海基會與陸委會專司職務，光復大陸設計委員會才終於裁撤，與資深國大代表退職一起在 1991 年結束。四年後，當時陳水扁擔任市長的臺北市政府打算依（舊）文資法將臺北更生院指定為市立古蹟，中央官股第一銀行不想配合，在市府即將公告的前一夜派出怪手，連夜鏟平了這棟臺灣醫學史上的重要建築。

孫仁鍵 繪

2002.5.5 台北大稻埕

大稻埕「文創聚落」：飲食文化、美食地景與文創轉向？

一、大稻埕文創好生意？

　　迪化街中段連續街屋是臺北市區相當難得保留完整與建物狀況大致良好的歷史街道。經由市民團體積極爭取，如第二章紀錄的「我愛迪化街」保存運動，其街區歷史保存概念受到關注；《文化資產保存法》修法引進「發展權移轉」（the transfer of development rights）概念的容積移轉機制等因素，促成大稻埕地區得以透過都市計劃的手段劃定為「歷史風貌特定專用區」，為後人留下見證臺北都市發展的歷史景觀：從視覺景觀和城市特徵的高度自明性，再現臺北過往歷史發展。大稻埕地區與迪化街擁有地理學家大衛哈維（David Harvey）所稱的「壟斷地租」（monopoly rent）競爭優勢（Harvey, 王志弘中譯，2003），成為臺北市想在全球化的都市競爭場域，進行都市行銷（city branding）與形象打造時，展現其在地獨特性不可或缺的實質環境景觀。這從大稻埕近年來逐步發展成臺北都市觀光的熱門景點之一的經驗現象可觀察得知。

　　然而，這些大量湧入大稻埕與迪化街周邊街區遊客的現象，從整體都市發展的角度來觀察，意涵著什麼呢？遊客想來這裡看什麼？體驗什麼樣的大稻埕街區？是為了探訪傳統的長型店屋與建築優美的連續立面？是為了感受都市發展跟河岸的歷史連結？是為了更認識或採購這裡聞名的南北貨高級食材、中藥與茶葉？或

者是為了永樂市場大量匯聚的批發布市？未針對訪客進行經驗研究之前，上述問題或許難以得到較為嚴謹的解釋。然而，另外兩個與大稻埕在地及觀光發展相關聯趨勢的浮現值得關切。一個是大稻埕街區近年來逐漸出現發展文創工作者匯聚的趨勢。例如經常被提及、以周奕成為核心的品牌經營團隊，自 2011 年陸續在迪化街一帶引入藝埕系列品牌與店面。這些新進產業帶動店面經營內容、品項和風格跟著改變：與傳統批發店鋪迥異，該品牌系列創造出較為迎合年輕人的視覺元素美學偏好，使得街區訪客多了許多年輕族群消費者。此外，這個街區的觀光行為一直保有著在地志工提供導覽解說的模式，說明了在地居民、商家與街區組織，希望讓訪客能夠更為深入地認識在地歷史發展過程，這樣的社區意向值得肯定外，或許也值得深一步地探究這樣的在地認同與實踐的內涵為何。街區出現不同的產業類型，是否會對原本的傳統批發業造成何種影響或變化？這個變化之於大稻埕歷史風貌特定區的都市實踐，又是否產生值得關注的議題？沿著前述這些經驗現象觀察與發問，構成本章的問題意識。

依據《文化創意產業發展法》第三條對「文化創意產業」的定義為：「源自創意或文化積累，透過智慧財產之形成及運用，具有創造財富與就業機會之潛力，並促進全民美學素養，使國民生活環境提升之下列產業。」這些在大稻埕與迪化街匯集的創意產業工作者固然從創意與文化積累出發形成產業，創造在地就業

機會。然而，創意工作者選擇棲居於此的空間意涵為何呢？亦即，創意產業聚集在這個地理區域，必然考量了這個人文空間場域提供了特定的文化資源條件、環境氛圍與獨特的地理或建築特徵，這個實質空間的條件如何支撐創意產業的落地生根與發展？其空間生產經驗是否可以複製？

其次，文創法在第二十五條中，提到「創意聚落」的概念。依據《文化創意產業發展法》施行細則第十條：「本法第二十五條所稱文化創意聚落，指文化創意事業高度聚集之一定地理區域。不以同一建物、同一街廓或行政區域等明確界限劃分者為限。」「本法第二十五條所稱核心創作及獨立工作者，指從事文化創意產品創作或服務研發之個人或微型文化創意事業。」

從這些相關定義來看，以大稻埕、迪化街區一帶所逐步匯集的或可被指涉為「創意聚落」。只不過，在此迪化街的「文化創意事業」具體挪用創意藉以產生產值的是哪些文化產業活動與類型呢？在《文化是好生意》（馮久玲，2002）的命題中，所謂的「文化」指稱的是特定區域或社群所共享的傳統與文化資產。那麼，在大稻埕迪化街創意聚落中，其街區累積的文化資產和歷史記憶，跟這些創意產業開發之間的聯結為何呢？

從 2002 年官方政策提出文創產業主張開始，迄今已將屆 20

年。雖然一直到 2011 年才完成《文化創意產業發展法》的立法，相關子法和配套措施仍有許多還在持續進展或調整中。但「文創產業」幾乎已經成為臺灣各領域討論文化議題與公共政策論述的關鍵詞。然而，在公共領域的論述生產中，這個關鍵詞得到謾罵或嘲諷的意見，似乎遠勝於其複雜內涵的討論對話。特別是從對文創產業定義的質疑開始，官方文化創意產業政策的高度模糊性格，連帶造成對各個產業發展在「補助」、「投資」與「育成」各端間擺盪；政府部門應扮演引導者、扶助育成者、或出資投資者的角色模糊不清；文創產業和在地文化資產聯結薄弱；文創事業與文化保育概念和政府功能混淆；以及文創法立法迄今和政府政策落實度過低等等，是近年來批判論點中，幾個比較主要的論述焦點。

　　在此試圖提出的觀察與論點是，不論官方定義為何，臺灣的文創產業發展呈現出同一個字眼、各自表述的現況。從事文創產業的工作者，有各自的理解、詮釋與實踐模式，甚至可以說是發展出自己的產業模式。放在大稻埕迪化街的空間脈絡中，在地的歷史文化資源成為這些創意工作得以挪用的元素。特別是大稻埕為臺灣近代資本主義城市商業文化發展的源起地之一，在地持續累積超過百餘年歷史的產業類型與內涵，已經得以構成支撐文創產業發展的豐腴土壤，包含傳統的布業、茶葉、稻米，中藥材與南北貨食材等等的傳統餐飲文化。特別是以後者的餐飲文化角

度來說，臺灣長期被視為、也自傲於是美食天堂，豐富多元的餐飲文化足以作為表徵自身文化獨特性價值。然而，除了填飽肚子，滿足生存的基本熱量和營養需求外，餐飲文化是否能夠成為臺灣文創產業發展的另一個優勢與機會？本章擬從近年來在迪化街區醞釀發展出來的文創產業景觀，提出從「飲食文化」來思考迪化街文化創意產業發展模式的可能性。亦即，立基於在地長期累積的文化資源作為發展文創產業的基礎，思考在地文化資產的活用和文創產業間可能的聯結為何。

壟斷地租（Monopoly rent）

壟斷地租的形成，除了土地私有權壟斷前提外，更來自於某些土地具有的特殊的自然條件。具特殊自然條件的土地能夠生產某些特定獨特的產品。例如波爾多地區的葡萄與衍生出的紅酒，這些商品的生產者憑藉對該商品的壟斷經營，使這些產品的價格不僅大大超過其生產價格，也超過其價值，從而形成壟斷價格，生產者便可獲得壟斷價格與生產的價格之間的差額，即壟斷利潤。這部分利潤經由承租土地者轉交給土地所有者後，形成壟斷地租。）

但在哈維的論述中，則以此概念來延伸討論資本主義生產

方式中的文化產品，以及文化商品化的現象與特徵。由於擁有壟斷地租的優勢，乃是建立在某種商品擁有的獨有的、特殊的壟斷性特徵基礎上，這個爭辯與宣稱其獨特性價值的過程，本身即是一個論述鬥爭的場域，而壟斷地租背後的資本積累邏輯，又會使得這場象徵意義的鬥爭更為尖銳。

舉例來說，「大稻埕」本身即可視為一個獨特的、唯一且不可取代的歷史場景，因此，在此地所販售的商品或空間氛圍，本身即擁有壟斷地租的特徵與條件。

然而，這種獨特性的宣稱，卻往往會因為各方利益均積極地想要爭奪這個壟斷利益，而導致其壟斷性優勢產生內爆，一種內在自我解構的壟斷優勢瓦解 —— 各種團隊或創意工作者，爭先恐後地想要進入大稻埕地區，分享這樣的壟斷地租，以期取得自身的商業利潤，但眾多行動者的進場，大稻埕原本的獨特與純正性地宣稱，是否仍得以保存與維護其本真性，而得以確保該壟斷利潤，則顯然是個充滿危機的狀態。

二、大稻埕無形文化與創意產業的美學化

本章的提問與臺灣推動文創產業的政策緊密相連：著眼於

臺灣的文創產業推動過程，不論是對文創產業的認知、定義、法規制定、權責單位與制度設計等等，在實務、理論與國際經驗比較層次，都有許多值得進一步推敲之處。特別是從其他城市與國家的經驗來觀察，以文創產業來帶動城市的再生與發展，已經是一個無法忽略的模式（Bianchini and Parkinson, 1993; Hall, 2000; Miles and Paddison, 2005; Sassen, 1991, 2000；Scott, 2000; Zukin, 2010）。針對這樣的發展趨勢，也有許多研究試圖以不同的經驗個案，反駁這個論題可能衍生出的負面效應（Garcia, 2004; Pratt, 2010; Schenkel, 2015），或者根本是一種對小尺度城鎮相當不友善的假設（Lysgaˊ Rd, 2012）。

文創產業的發展基礎高度仰賴於在地獨特的文化資源和傳統。特別是置放在全球化的城市競爭脈絡下更是如此。大稻埕提供的養份是如何餵養出這些產業的發展？這些文創聚落與工作者的匯聚，加上所吸引的外來消費人口，又是如何動態地挑戰著歷史街區風貌的變化？這當然是個攸關都市再生 （urban regeneration）的課題。臺北市政府以「創意城市（creative city）的思考架構為知識概念基礎，從 2009 年以降逐步發展，2010 年提出的「都市再生前進基地」（urban regeneration stations, URS）的政策計劃，成為當前討論臺灣都市發展的重要認識論基礎。

第一個具高度實驗性，位於迪化街的 URS127，最初命名為

127 公店，即是為強調該基地所欲突顯的公共性價值，藉由藝術文化活動開創公共空間與場域特徵，以及促成以文化資產來帶動都市再生的意圖（吳光庭，2012）。[39] 針對大稻埕與迪化街區一帶，近年來以「創意城市」為概念核心推動的都市再生政策實踐，包含 URS 基地運作、以及街區的變化等等議題，邱淑宜從藝術教育推動的角度切入，以 Sharon Zukin（1995）的理論觀點，直指這些在大稻埕地區進行的藝文活動與策展，是極度缺乏主體性的都市再生實踐，甚至可以說是反客為主地，掏空了在地的主體性（邱淑宜，2014）。她更進一步地以 Peck（2007）「創意修補」（creative fix）的概念，詰問以 Landry（2000）「創意城市」概念的都市再生實踐，只是徒然讓創意工作者成為帶來地區紳級化（gentrification）的困局，這樣的城市發展策略在充分挪用創意工作者的能量後，這些人只能是施放煙火的城市游牧者，而無法深化這些城市發展的腳步（邱淑宜，2016）。林文一（2015）提出類似的觀察與論點。林文以迪化街區為研究個案，從治理性的取徑提出批判，對於這個政策在治理上的失效，文化創意的宣稱終究仍是讓位給新自由主義的資本積累與房地產開發的意識形態價值。這兩位研究者也對臺北市政府的創意城市政策論述迷思提出批判（邱淑宜、林文一，2014）。

　　立基於前述批判的研究取徑與問題意識，本章發展兩個討論軸線：從大稻埕歷史街區所蘊含的文化資源的角度，探討這些有形、

無形的資源，對進駐此地區創意產業工作者的意涵，及其交互作用對街區空間意義變遷的再現。大稻埕過去為稻米、茶葉，南北貨食材集散的歷史性優勢，從當代創意工作者的產業想像角度，透過這些文化元素的餵養，如何轉化為不同的美食地景建構，並從飲食文化的面向，改寫在地產業面貌與景觀，是本文嘗試架構的詮釋觀點。這個從田野資料為基礎的地景詮釋取徑，在實踐的層次言，乃是來自於對進駐該地區的創意或社區工作者、團隊組織，或在地年輕人所傳遞出之「美學反身性」經驗現象的深入反思。從圖5.1的分析架構圖來看，在資本主義社會生產模式中，由於面臨的後資本主義的彈性生產、符號生產與美學化的發展趨勢，在生產領域中，越來越多的形象、符號與文化產品被生產出來，甚至是促成了文化產業、創意產業的生產結構變遷。消費者的偏好、品味與需求，左右著生產領域的變化，也為其生產的物品、服務與品味所結構。因此，在消費場域中，因應著日常生活消費的美學化（aestheticization）趨勢，不僅帶動生產領域的調整，也創造出消費者更多對文化產品的渴求和期待，刺激了另一個環節的文化場域和空間的生產。舉例來說，古蹟、歷史建築等文化體驗的消費需求擴增，這個需求也拓展了建築類文化資產空間活化再生的需求和偏好。經由中介作用者的美學反身性實踐，接合了一種經由文化資產空間活化的體驗與消費，讓主體文化消費的品味體驗，支撐主體性的認同建構，賦予文創產業的生產模式運作能取得消費者的偏好與認可，特別是挪用文化資產所蘊含

的社會與文化資本，最終整合入意識形態再生產的軌跡循環。在此，文化資產蘊含的豐富歷史、社會與文化資本，是支持其轉化為生產領域生產工具與材料的物質基礎。而在本書中所論述的大稻埕迪化街區中，歷史街區的景觀風貌固然是俱有清晰可辨識性的符號，但大稻埕長期累積的稻米、茶葉、中藥材、南北貨高級食材等無形文化符號，則是相對較被忽略的無形文化資產，也正是本章嘗試切入的討論範疇。[40]

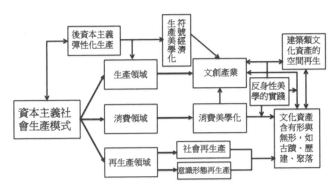

圖 五.1 大稻埕文創產業分析架構概念發展圖，本研究繪製。

　　本章關切的重點在於，探討整體大稻埕迪化街與文創產業匯聚的現象，特別是關注於在地的歷史文化資源，如何提供年輕與微型創業者，朝向文化產業發展的路徑中所需的養分和基礎素材。亦即，是一個思考文創聚落對歷史街區的產業創新所意涵的都市再生課題。此外，本章也關注於大稻埕迪化街歷史風貌區的地景變遷歷程，故都市計劃相關施為以及產業面的變動，亦為本

研究相關分析的資料。

都市再生 (urban regeneration) 與紳級化 (gentrification)

「紳級化」的概念最初是由社會學家針對都市空間社會變遷所提出的觀察與批判。最初，指涉的是，原本一般勞動階級所居住的街區，當經歷過於老舊需要整建時，可能因為整修過後，使得環境條件改善，地區租金與房價提升，其他中上階級入住後，原本居住於此地的勞動階級，反而被逐出自身長期居住且熟悉的環境。易言之，這樣的都市老舊街區改造的過程，看似讓整個都市與街區景觀變好，但反而造成對弱勢階級的剝削與階級對立，不利於人與環境的依附及情感，以及都市文化歷史保存的斷裂。

所謂的「都市更新」(urban renewal) 即是造成這些矛盾的關鍵作用。1960 年代英美城市的急速都市化與郊區擴張，許多城市歷史中心的老舊街區，為了快速改造地區環境景觀，多直接採取拆除重建的方式。如此一來，不僅城市就有歷史風貌被連根鏟起，居住者與地區的依附感也完全斷裂。更有甚者，當環境改造連帶地推升房價與地租，原本的老城區居民被迫要搬離自己原本熟悉的環境與空間場域，全球各地的城市街區也持續地引發各種都市社會運動，一方面爭取居民的居住權、城市空間的歷史景觀保存，以及土地的使用權利不應該讓位給交換價值。

因此，近年來，「都市更新」儼然成為負面字眼，針對都市環境經營與保育，轉而提出「都市再生」的概念主張。從英文字詞來理解，re-generation 意味著重新發展，有著嶄新重生、活化的意涵，也就是在既有的空間與土地條件上，找到新的轉化性能量，而不是像都市更新那般粗暴地、全盤否定過往的替代性操作。

如此一來，為了要能夠在既有的空間、土地與環境脈絡中，找到地方在產業、生活各層面的重新活化，從歷史條件中尋找資源，成為不二法門，也就是從軟體層面下手，找到每個地區內在的再發展優勢的取徑，成為全球都市經理的新思維。而有趣的是，這不正與文化產業企圖尋找自身文化內在優勢的模式，有著相當類似的思路軌跡？相較於都市更新的模式，都市再生更關注於都市中人們的生活與感受，但如何以此概念來思辨文化產業，顯然還有很長的路要走。換言之，以哈維的「壟斷地租」概念來思考特定地區的獨特優勢和歷史特色，有著各種機會與發展的想像可能。當然，也提醒著殺雞取卵永遠是最笨卻自以為聰明的終南捷徑。

美學反身性 (aesthetic reflectivity)

「美學反身性」概念一詞，也有人採用「反身性美學」的表達方式。這個看似具有美學與文化意涵的概念，仍是必須回到政治經濟學的視角來分析。

拉許與爾瑞兩位學者提出「解組資本主義」(disorganized capitalism) (Lash and Urry, 1987) 的概念，主張在經濟、組織與科技不同面向的劇烈變遷，是全球資本主義結構性的重組與再造。與前述生產場域出現改變相關連的，則是消費場域出現的美學化趨勢，故這兩位學者提出了「符號經濟」概念，意圖為後工業時期的都市經濟發展樣態，提出不同的詮釋視角──既有社會文化理論在 1970 至 1980 年代後，逐漸意識到，從傳統生產領域轉移到消費領域分析的重要性。特別是聚焦於消費模式、日常生活、文化經驗與主體認同之間的緊密關連性。社會逐漸富裕與購買力增加後，對消費的需求增加，這些消費文化的生成乃是藉由生活風格的塑造、環繞著美學符號所形構 (Featherstone, 1991)。

　　這兩位學者意圖以「美學反身性」的概念和先前的反身現代性對話。他們認為，貝克 (Ulrich Beck) 和紀登斯積極探究之風險社會與反思現代化等概念，其對現代性的討論，過於側重反身性的認知面向，忽略了在生產領域及消費面均已大量浮現的「美學化現象」，忽略當代自我的整個自反性向度，即現代自我美學化傾向（趙偉妏譯，2010: 45)。當前社會龐大的符號與訊息使得原本主體的反身性出現結構性的改變，「美學反身性」的概念成為探討當前後資本主義社會的關鍵字。

　　拉許與爾瑞從「反思的主體性」(reflective subjectivity)

觀點，來討論主體在這個消費資本主義社會中的狀態，特別是主體的流動，跨國界的工作、大量的旅行、移動、遷徙等等當代社會樣態，這個主體流動的過程同時也促成了符號的生產。「符號和空間經濟」(economy of signs and space) 意指當前全球化的狀態是一個流動的結構，是空間中符號經濟的匯聚集合；在這個空間符號系統中的主體，因其反身性的批判價值，以及文化力量的日益滲透，促成這個批判反身性的擴張發展，社會行動者 (agent) 不斷地從他律控制或社會結構的監控中解放出來。將這個趨勢放在經濟生活層面來看，與此現象平行的發展則是美學化的日益擴張，「美學的反身性」(aesthetic reflexivity) 探討自我詮釋，以及對社會背景實踐的詮釋，日常生活裡越來越多與美學反身性相關的例子不斷產生。舉例而言，如設計產業逐漸在經濟部門取得重要地位，貨物與服務中大量的感性元素，或是強調服務過程中「情緒管理」(managed heart) 的重要性等等。從消費者端，觀光客在旅遊過程中不斷地解構地點神話，也成為美學反身性的具體展現 (趙偉妏譯，2010: 2-6)。

　　綜言之，美學反身性概念強調，在現代性的社會中，主體具有批判的反身性，使其得以對抗當代充滿風險社會而生存。而符號與美學化的面向，即使生產領域不斷挪用象徵與美學符號，來生產更多文化商品，但具有反思性的行動主體不僅透過美學化的經驗來參與社會生活與消費體驗，其批判的反思性也經由這個美學化的過程，確立其主體性。

三、「文化創意產業」定義的在地闡述

　　臺灣的「文化創意產業政策」起源於 2002 年的六年國家建設計劃。2010 年 2 月公佈施行的《文化創意產業發展法》確立其法令依據。針對文創產業在臺灣的推動與發展，引發的討論及爭議不少（王佳煌，2010；古宜靈、廖淑容，2004；朱元鴻，2000；邱誌勇、劉柏君、廖淑雯，2004；陳介英，2010；張育銓，2010）。不妨回到最初的定義與其內涵，來討論臺灣相較於其他國家經驗的殊異性，以及文創產業與在地文化聯結。

（一）臺灣文創政策的殊異性

　　根據其第一條的立法目的所指陳：「為促進文化創意產業之發展，建構具有豐富文化及創意內涵之社會環境，運用科技與創新研發，健全文化創意產業人才培育，並積極開發國內外市場，特制定本法。」大致可以歸結出包含了促進（文化創意）產業發展、建構（豐富文化具創意的）社會環境、運用科技與創新、人才培育與開拓市場等五個向度的思維。易言之，這乃是在科技創新與知識經濟的歷史條件下，政府部門有意向地培育人才，開拓市場，並健全社會環境，以期能帶動促進產業發展。

　　第二條可視為針對健全社會環境的進一步補充：「政府為推動文化創意產業，應加強藝術創作及文化保存、文化與科技結

我城故事：大稻埕街區生活書寫

合，注重城鄉及區域均衡發展，並重視地方特色，提升國民文化素養及促進文化藝術普及，以符合國際潮流」。從這些文字中可以窺見，公部門認為在藝術創作、文化保存、文化與科技的結合、區域均衡、地方發展、國民素養，藝術平權等面向，均有需要持續強化的必要，以符合國際發展趨勢，來助於文創產業的發展。換個角度來讀這一段立法文字，充分說明臺灣社會普遍對自身文化厚度與國民文化藝術素養是嚴重缺乏自信的。也因此，在法的第三條中，清楚載明了該法所稱文化創意產業：「指源自創意或文化積累，透過智慧財產之形成及運用，具有創造財富與就業機會之潛力，並促進全民美學素養，使國民生活環境提升」的相關產業。「促進全民美學素養，使國民生活環境提升」成為臺灣推動文創產業的價值內涵之一。

表 五.1 各國文創產業定義比較表

國家 / 組織	定義描述
聯合國教科文組織	文化產業（cultural industries）與創意產業（creative industries）的意義相同，指「那些以無形文化為本質內容，經過創造、生產與商品化結合的產業」，包括文化商品生產、以及提供文化服務、同時受智慧財產權保障的概念[41]。
英國與紐西蘭	起源於個體創意、技巧及才能的產業，透過知識產權的生成與利用，而有潛力創造財富與就業機會。
加拿大	藝術與文化活動被界定為文化產業者，應括實質的文化產品、虛擬的文化服務、亦包括著作權。
芬蘭	使用文化產業來結合文化與經濟的概念，包括：意義內容的生產、傳統與現代藝術、結合商業機制、強調文化創業的精神。
香港	源自於個人創意、技巧及才華，通過知識產權的開發與運用，具創造財富及就業潛力的行業。
南韓	文化內容產業包括各類經濟活動，如創作、生產、製造、流通等，而其活動內容源自於任何知識、資訊及文化相關之基礎資源。

資料來源：王俐容，2005：190。

從臺灣的定義出發，和上表 5.1 中列出的國家或組織的定義比較可以發現，這些地區或國家基於不同的歷史條件，社會情境與文化脈絡，對文化創意產業的定義固然有各自的表述。但整體來說，這些定義主要聚焦的核心為「產業」。強調因應時代生產條件的變化，產業模式已逐漸從個人創意導向內容產業開發。為確保這些內容產業的產值和個人的創意產權，「智慧財產」和「著作權」課題成為確保文創產業的關鍵機制。產業模式也從原本的物件生產導向，開創了服務和知識內容生產導向。至於國民的生活環境和美學素養水平，顯然並非產業的法令體制關注的重點。這個臺灣文創法特有的文字內容究竟表徵了什麼呢？

從文創法的立法目的來看，臺灣對自身文化相當缺乏信心之外，將原本應該從促進產業端發展轉型的法令體制設計，導向提升國民美學與文化水平，促進生活環境，顯然是隱含了「教化」的假設。即臺灣的文化政策從早期三民主義「民生主義育樂兩篇補述」的意識形態，引導到「文化建設委員會」設置的思維模式——「文化」不僅是宣傳工具，更表徵出一種由上到下的「牧民」心態。

「從前的社會裡，學者著書立說，藝術家畫圖雕像，為的是興趣的發抒，理想的表現。今日的文學、藝術卻是為了市場的銷路，不能不受銷路的支配。特別是娛樂方面，更要靠營業性的設備與出

品來供應，一切弊病都從此發生。因為最大的銷場就是水準最低的群眾，因而文學、藝術的品質只有日趨下流；一個民族要讓這日趨下流的東西來教育他的人民，除了日趨墮落以外，沒有別的道路。所以我們要建設新的社會，一定要以學校教育為中心，把現代的文化宣傳工具配合起來。」（蔣中正，1953：207）

　　如同英國學者威廉斯（Raymond Williams）提出的觀點，任何社會文化均會面臨「新生浮現」（emergent）、「支配穩固」（dominant）到進入「式微殘存」（residual）的三個階段循環（Williams, 1977）。三民主義式的文化宣傳工具論或許已經距今有些時日。但如今觀之，將文化視為一種「建設」、教化與由上而下的觀點，不可諱言地仍可在臺灣文化治理中窺見其殘存的痕跡。更具體來說，「文化工具化」的簡化思維，及其相應以牧民為文化政策思維的組織模式，自然無法回應新生的文創產業治理需求。

　　要回答這個問題，或許應該回到檢視文創產業中的「文化」意涵，特別是與在地文化的角度來思考。

（二）文創產業與在地文化的關聯
　　在文創產業的概念範疇，與前述相關法令定義的文字內容中，「在地文化」和奠基於個人創意的內容產業間的聯結為何呢？

聯合國教科文組織以「無形的、文化的」來指涉文化產業內容導向的本質。加拿大以文化與藝術活動為文化產業的基礎；芬蘭從文化和經濟兩端，強調文化產業中傳統藝術如何以商業機制來創新；南韓在其定義上直接標示出「內容產業」為其核心，但其內容的衍生與創新均來自於文化。最常被全球借鏡的英國經驗，其定義主要強調知識產權的生成、利用與創造經濟效益的特徵，反而未見到「文化」這個詞。

「文化」一詞定義複雜、歧異性高，放在文化政策的論述脈絡中，大抵可以從狹義與廣義兩個層面來理解。狹義上涵括了傳統的藝術文化範疇，一種被視為與階級及其文化教養相連的概念；廣義來說，則是涵括了人類社會生活軌跡的總合。前者指涉藝術工作者在美術、影像或表演藝術等創作展演，後者則可以從文化資產、社區營造等面向來理解。毋庸置疑地，前述幾個不同版本對文創產業中的文化概念，均清楚標示出其產業發展與在地文化間的緊密聯結。然而，從臺灣的政策實踐來看，似乎呈現出一種論述為：1994 年，前一階段社區營造文化政策引導出來的文化產業模式，加上 1995 年「文化產業化，產業文化化」的政策，相當程度影響文創產業實踐思維。從社區營造發展出來，強調凸顯在地文化特殊性與價值的產業建構，這些環繞著地方文化特徵的產業多半與鄉土的傳統、技藝、農業生產，及其相關的衍生物產有關。此文化產業模式的理解，僵固了臺灣社會對「文創產業」的想像、

理解與詮釋，使得 2002 年文創政策「發明」後，社會溝通始終多所混淆而難以推動。臺灣經濟研究院針對臺灣文創產業的調查研究，曾清楚地指出了這樣的困境：

「由於「社區總體營造」的理念與「文化產業」的界定有所差異，以致於對『文化產業』概念的理解仍限於傳統、鄉村型的初級產業，例如農產加工、傳統工藝、地方特產的狹窄範圍內；現今行政院提出的『文化創意產業』政策，與過去「文化產業」相比較，除了擴大產業範圍，更重要的是政府以策略引導帶動產業轉型加值，並且不只從文化的角度切入產業，而是將文化直接轉換成產業部門，把文化和設計、創意發展加入國家發展政策之中。無疑地，發展『文化創意產業』是當前的世界趨勢。『文化創意產業』完全改變過去生產製造的概念，整個產業鏈可以沒有任何實體，例如知識，既可以是資本、原料，更可以是產品。同時，文化和創意產業也可以提高傳統產業的價值。」（臺灣經濟研究院，2003：2）

以前述這段話來看，文化產業傾向傳統、人文、鄉土的文化定位；文化創意產業則模糊文化的邊界，將具有生產文化符號意義的產品都可視為文化的展現（王俐容，2005：186）。文化產業是小規模與少量生產的特質；文化創意產業效益在於提升就業與產值，文化可以是資本、原料及產品，更應用「產業鏈」的概念

型態強化文化創意產業以累積經濟效益。文化創意產業的概念與文化產業有相當大的差距。可參見下表 5.2 的比較。雖然文化產業和文創產業從本質、定義、內涵價值、政策目的與其牽涉範圍均有相當程度的差異。換個角度來說，前一階段社區營造的政策發展，讓社會大眾在主觀認知上，仍將文化產業和在地經濟社會發展兩者緊密聯結，這產生了兩種效果：其一，在地文化產業的推展仍是各地域社會實踐中重要的問題意識；其次，則是將文創產業視為推動文化保存可能的工具或管道。

再以圖示（圖 5.2）簡要闡述社區營造、文化及文創產業與都市再生課題之間的關係。「社區營造」和「都市再生」有著共同根源，關注地方的活化與經濟再生。前者較常指涉非都市地區，生產方式與社會組織網絡仍保有某種傳統形態，強調草根性的社區經營，回歸社區的文化主體，但並未直接挑戰或改變其生產模式與產業形態。「社區營造」與「產業文化化」的政策論述作用下的文化產業，多是經由社區營造的組織動員後，累積發展出來的物產模式，兩者之間具指向關係。在都市再生層次上，更關切於都市生產模式與產業組織形態的變動課題，「都市再生」和「文創產業」間乃是相互交疊的力量，其交集的則是在地的歷史資產、文化資源或共同記憶，可能是有形的資產，例如歷史建築與古蹟，也可能是無形的傳承，像是傳統技藝、藝術表現形式等等。

圖 五.2 社區營造、都市再生與文化／創產業關係圖繪，本研究繪製。

綜言之，脫胎於社區營造，以在地經濟振興為主軸的「文化產業」思維，擔負著保育地方文化資源的許諾，期許透過文化產業的振興模式得以同時保存在地文化。這樣的思考和文化創意產業寄寓於知識經濟與創新，創造就業機會之際，更關注經濟效益的積累與產業轉型。兩造的問題意識迥異，使得文創產業同時面臨運用傳統文化資產轉化為經濟產值之際，經常容易面臨遭質疑「過度商業化」，以及可能危及文化資產保存的批判；挾著「文以載道」的價值包袱，另一方面，則是無法充分活用傳統文化元素，使得文創產業與在地文化的聯結薄弱，難以在全球化的市場競爭中，取得壟斷性的符號再現優勢。本章的問題意識即是從此兩端的矛盾展開—文化資產活用和文創產業開展兩端之間，是否可以發展出不同的想像和聯結？如果文化資產和文創產業代表了光譜的兩端，臺灣在地的文化資產豐富文創產業內涵的想像是否成立？以文創產業的發展是否可能反過來帶動文化資產的保育，或者至少以符號再現層次帶動重新理解文化資產價值的機會？文化資產的保育實踐，是否能夠轉化為文創經濟產值的有機連動。而文創產

業的機會來自於文化資產的保育？從這些問題意識出發，本章以
迪化街商圈的都市再生發展課題與創意產業逐漸群聚的特徵來探
討相關課題。

表 五.1 各國文創產業定義比較表表 五.2 文化產業與文創產業政策比較表

	文化產業政策	文化創意產業政策
政策發展起源	社區營造之文化政策； 日本一村一物產政策模式。	挑戰 2008 國家建設六年計劃提出； 概念源自英國創意產業。
文化定義	以地方傳統的文化為主，將文化工業排除於外。文化產業依賴創意、個別性，地方傳統與特殊性，工匠或藝術家獨創性，強調產品的生活性與精神價值內涵。在地價值特徵為重要依歸。	模糊文化邊界，將所有具有生產文化符號意義的產品都納入，包括傳統高級文化、文化工業、知識經濟及周邊商品。 由符號再現體系所建構起的內容產業。
定義	以文化為核心，發展成為地方經濟效益的產業，深具地方特色。	依文創法的定義為，源自創意或文化積累，透過智慧財產的形成與運用，具創造財富與就業機會潛力，並促進整體生活環境提升的行業。
範圍	古蹟聚落／工藝／觀光休閒／音樂與表演藝術／生活藝術／產業文化。	視覺藝術／音樂表演／工藝／設計產業／出版／電視與廣播／電影／廣告等 15 類。
特性	對立及排斥文化工業、小規模與少量生產。 以國內市場為主要訴求對象。	「創意」及「創新」需大量資本投入，需大規模市場與消費始具經濟效益。依託與訴求於全球市場。
目的	為活化社區、提升生活品質，促成地方營造與在地振興。	增加文創業就業人口；增加其產業產值；提高國民生活文化質感；建構臺灣特色之文化產業，提高創意風格；成為亞洲創意產業之樞紐平台。
強調價值	社區認同、傳統與在地獨特性。	產業之經濟產值、創意與獨特性。

資料來源：王俐容（2005）、劉曉蓉（2005）與本研究整理。

四、文化創意聚落與美食地景

　　大稻埕迪化街從 2010 年後，陸續出現創意工作者及其產業。

我城故事：大稻埕街區生活書寫

周奕成先生及其團隊所開發的藝埕系列，是其中經常被討論的要角 [42]。這些新進的產業意涵著前一階段商業活動的趨勢變動，許多店面閒置邀請新的招租者移入，但經營的項目多已不限於傳統的中藥、南北貨批發或茶葉等業種。隨著創意產業在此街區漸漸發展，吸引大量訪客到來，迪化街區從原本活絡的批發商業場域，逐步浮現為慢活、創意生活的都市休閒空間，零售與觀光產業帶動新的街區樣貌。換言之，在大稻埕迪化街區的地景變遷歷程中，乃是伴隨著原有產業變動與新產業變遷的都市再生與創意聚落發展的課題。

（一）大稻埕＝「年貨大街」？
　　1994 年，中央政府文建會推動的文化政策主軸為「社區營造」；同年，陳水扁當選第一次直接選舉的臺北市市長。呼應其競選主張，「市民主義」與「社區主義」，同時為創造市民的榮耀感與參與感，強化市民認同，在全市各地舉辦嘉年華式的活動為其重要的都市與文化政策取向。1995 年，陳水扁政府宣布確定暫緩迪化街的拓寬計劃，改以強化地區發展與街區活化的政策。1996 年，市政府推出「年貨大街」活動。該活動成為每年農曆過年前，重要且具指標性的都市消費盛會。

　　有學者指出，「文化街區」（cultural quarters）是後工業城市（post-industrial city）的重要特徵之一，「事件行

銷」（event marketing）的包裝乃是為了凸顯這些城市的比較優勢。這樣的影響下，意象、視覺符號，短暫快速的奇觀日形重要，也更加強調以文化事件來宣示城市的富裕和充滿意義。「文化」在都市政策中扮演的角色越來越吃重，佔據了核心的地位。這個核心重要性連結了包括刺激都市經濟成長、加強社會的包容，與發展新的認同等等許多外部性的課題。文化事件在都市議題中承擔了另一個任務——開始成為都市意義的生產機制（Richards, 2010：10）。要隨時能為不同時空脈絡浮現的新的城市問題，產出不同的意義和詮釋，藉由意義與認同的力量，來面對社會內外各種價值的挑戰。

以此觀點來思考迪化街年貨大街的事件行銷方案，策略性地來說，這個活動乃是積極地重新訴說了一個關於迪化街代表大臺北、甚至是北臺灣的「城市歷史廚房」[43] 形象。迪化街長期為臺灣南北貨食物，如香菇、干貝、魚翅、鮑魚、海參等昂貴高級食材集散地，是批發食材的匯集地，更是中藥材批發的重鎮——人參、燕窩等高價藥材，融合藥膳或食補等傳統餐飲習慣，迪化街不僅成功地經由「年貨大街」的活動舉辦，重新形塑其傳統餐飲、藥膳食補、保健養生聯結的形象，許多餐飲美食老店起源於此的故事開始被傳頌，強化了周遭傳統在地美食的品牌意象。例如永樂市場、慈聖宮周遭的傳統美味小吃等等。以此充滿美食的象徵符號與空間美學邀請市民前來選購年節食品。大稻埕與傳統美食

間緊密的聯結被揭露、建構與強化，過年前「必須」去迪化街採購年貨的價值被塑造出來，城市的「年味」及其美學層次價值也重新被確認。另一方面，迪化街歷史建築群的文化資產價值也由此被成功組構。

「事件行銷」的有效性與魅力在於新鮮感與視覺探奇。「年貨大街」自 1996 年開辦後，雖然至今仍每年持續舉辦，但隨著成為每年例行性的活動後，話題性與價值創造越來越少，原本有助於店家吸引顧客，重新認識迪化街的老店與歷史的街區行銷活動，逐漸變質成為單純的商業活動 —— 每年以迪化街「年貨大街」的名義，吸引越來越多外來攤商進駐，販售商品不再僅限於在地商家。農曆年前期間，大量人潮蜂擁而至，影響當地商家的營業，製造更多汙染，引發在地居民反彈，對年貨大街產生負面情緒。醞釀停辦的聲音浮現，同時，在地居民與當地的年輕群體被召喚出來，主張這不是他們所熟悉或期待的迪化街景觀，具在地主體意識的群體感漸漸凝聚。

「年貨大街」的規劃辦理一開始是循著社區營造的論述，以強化自身獨特性、自明性的策略，以「事件行銷」的方式，為在地建立「品牌」（branding）。在這個為大稻埕迪化街品牌化的過程中，藉由不斷地訴說自身的故事，南北貨、茶葉、中藥與布業等四大代表產業的故事，特別是其中與傳統美食的意涵，透過年貨

大街的符號被傳遞，以強化大稻埕迪化街區的自身意象與獨特性存在。這創造出兩種效果。其一，讓大稻埕從原本居民的日常生活場域，在象徵與符號的層次，轉化為服務消費者與觀光客的美食地景（landscape of gastronomy）。換言之，這個轉換不僅讓在地的批發產業逐步面對零售消費客戶，原本單純的銷售商業區，浮現出「文化觀光」（cultural tourism）區的特徵。其次，大稻埕迪化街區的美食地景與文化觀光體驗經濟經驗被創造出來後，經由消費美學化與空間符號經濟的作用，為後續的創意產業預備了發展的土壤。

（二）「文化引導都市再生」：大稻埕美食地景

　　2010 年後，大稻埕迪化街區陸續移入創意工作者及其產業。這些創意工作產業從迪化街豐富的歷史資源，包含悠久的飲食文化商業販售傳統，獲得有助於其生根茁壯的養分。相較於「年貨大街」僅為每年一次、嘉年華式、外來者、公部門例行舉辦的商業促銷活動，這個階段的迪化街美食地景形構過程，具高度**美學反身性**（aesthetic reflexivity）意涵的—朝向更為關注在地文化主體性的文創產業發展趨勢逐漸浮現。亦即，這一批重新開始關注大稻埕發展工作者，對於這個地區再發展的意圖與想像，已經不單單只是侷限於經濟產業面向，如何從感性層面的情緒感受、人群之間的連結、記憶的重塑與追尋，在地文化與美學符號的認同與再現等等，都是尋求街區經濟活化之際，同等重要，甚至更

至為關鍵企求的面向與議題：年輕的社區經理人、組織工作與創意工作者，甚至是「返鄉」就業的年輕世代，強調立足於大稻埕的過往歷史經驗，與在地社群的文化價值，致力於共同關注大稻埕地區再生與發展議題，為一種更具在地基進性的發展策略思維。

　　這個高度美學反身性發展特徵的浮現，一部分固然得力於年輕世代，包含返鄉工作、進駐的社區經理專業者與創意工作者等不同角色的協力，與對社區的持續擾動；公部門的「都市再生前進基地計劃」（urban regeneration stations, URS）也發揮了相當程度的作用。

　　為活絡在地商業而舉辦的「年貨大街」活動自1996年起植入，與其說是活絡在地商圈，將迪化街與年貨大街劃上等號、創造其街區自明性，可能是更為貼切的描述。每年一次嘉年華式的盛會，無法確保迪化街商店的持續活化。有些屋主在房產無法擴建改建的限制下移居他處，有些老店選擇不再繼續經營，臨街開始出現空餘店面。為刺激街區商業活絡，與臺北市整體都市更新政策的需要，臺北市政府都市更新處提出了「都市再生前進基地」計劃，以迪化街一段127號屋主將閒置空屋簽約交由政府代管[44] 的 首例，邀請民間單位參與經營。2009 年 10 月開始，「127 公店」開展整個 URS 計劃。URS 計劃促成迪化街產業風貌結構性的改變與影響，在地草根力量逐漸發展。不僅年輕世代逐漸積極關切、參

與社區事務，也吸引其它創意工作者的進場，成為影響迪化街產業持續發展最重要的助力。以南北貨、中藥材，茶葉與稻米等文化資源為基礎，結合餐飲傳統日常生活實踐所逐漸浮現的美食地景，隱然成為該地區發展文創產業、帶動都市再生的重要策略之一。依據文獻收集、田野調查與訪談等資料，本章將這些美食地景的形構區分為五種模式，分別是以 URS 經營模式的活化概念引進、文化工作者進駐的新產業模式開發，老店與傳統產業轉型活化模式，舊瓶新酒的新舊融合模式，以及外來老品牌移入歷史街區等模式。[45] 當然，從市場經濟角度來看，尚有許多餐飲店家移入此區開店，但若該等商業活動型態並未直接挪用，或與在地的文化／美學符號相互連結，則非本文在此關注與討論的對象。

1.URS 經營模式的活化概念引進— URS155 — Cooking Together

在迪化街街區範圍中有四處 URS，其中 URS155 和 URS329 兩處均與飲食文化有關。URS329 的個案於文後討論。

URS155 為一棟典型的三層樓兩進的店屋，興建於 1850 年代。原屋主是從事雜糧行與中藥材貿易。屋主將建築捐給臺北市政府，作為推動大稻埕街區活化使用。該據點剛開始設立時，經營者提出了以「cooking/ eating together」的策略來強化商街社區鄰里的聯結。經營者為一群進駐時約 30 歲左右的年輕人。為了想讓老街區邀請更多年輕人進來，且更融入當地，採用「好味食堂」的命

名，邀請鄰居來一起烹飪與用餐。這個構想除了來自於迪化街長期是高級食材批發為主的街區特色，更在於「共同用餐」帶動的正面情緒感—「好味食堂的五感體驗，引起民眾對於大稻埕的興趣」。這樣的社區經營模式來自於善用在地的文化資源，也有助於其自身的創意產業經營。

2011 年進駐以來，進駐的前兩年，每個月舉辦一場「好味食堂」，成功舉辦 30 場以上，串聯起 20 多家的迪化街店家，參與活動者超過三百人。以一起烹調與用餐醞釀出愉快互動氛圍，有助於跟鄰居建立起良好的情誼，這些年輕人逐漸融入社區，在這個據點經營自己的品牌，也讓迪化街店家彼此有更多串聯與互動。利用這個據點邀請更多年輕創作者共創商機與一同創造，是該團隊的目標。成立迄今，參與的共創夥伴超過四百人。

為了有助於該平台的運作，建築一樓為大稻埕店家研發的糕餅與菜單展示店面，民眾可以購買到二樓或開放的天井享用。第二進一樓是好味食堂的烘焙教室與廚房。第二進的二樓可作為研討和舉辦活動的場地，三樓是創作人的共同工作空間。URS155引入的不僅是老屋活化的經營模式，更引入以飲食文化、共食產生愉悅互動的情境，作為活絡傳統街區的價值論述。

2. 文化工作者進駐的新產業模式開發

在此類型中可以「豐味果品」和「農學市集248」兩個案例來說明。這類案例與前述模式的共通性在於，創意工作者進駐傳統街區衝撞出新的火花。

豐味果品創辦人為留學英國碩士，主修文化企業。曾在中央政府文化部門，負責文創政策的擬定與執行。2008年離開政府部門後，意識到臺灣產業逐漸朝向文化企業的發展，他自身選擇在迪化街這個創意街區創業[46]，開始幫農民賣水果。創辦人認為，臺灣長期以壓低農產品價格來餵養整個社會的經濟發展。農民守著土地，有著良好技術，熱愛土地，但農業逐漸成為無法養活家庭的職業選擇。許多年輕人只能離開土地與家鄉，農村凋敝、農地流失。為推廣臺灣優質水果，也為臺灣農業付出心力，豐味果品選擇為農民賣水果。經營者到這些有機生產產地採訪農夫，深入了解他們的生產經驗。經營者幫農民生產的水果說故事。透過店面與社交媒體行銷方式，「把農夫當成藝術家來行銷」是豐味果品的行銷策略——挪用所謂的文創產業模式，將臺灣的優質水果行銷出去。迄今雖然經營上仍相當艱難，但已培養出許多熟客，包含來自日韓的客人。

曾經因白米炸彈客身份引發關注的楊儒門，2007年6月經特赦出獄後，在全臺拜訪農民，積極研究有機農法，想為臺灣農

業找未來。他提出的策略是直接介入農業產銷體系，廣大小農的好產品直接跟消費者接軌，避免中間剝削，讓消費者可以買到值得信賴的好農產，帶動臺灣農業正向發展，減少全球化衝擊。成立於 2008 年 7 月的 248 農學市集為這個歷史背景下的產物。農學市集原本每週末固定在忠孝東路四段 248 巷舉辦。多年後，意識到臺灣小農的生產技術與品質很好，但農夫不懂得如何行銷自己，必須有實體店面協助農民行銷 —— 簡言之，經營 248 農學市集這個品牌，就是要行銷小農。當時迪化街北段多處閒置的店面成為進駐首選。充滿歷史風味的老建築，搭配從全臺灣各地收集來的小農農產品，成為歷史街道中饒有趣味的店面。特別是可以從這些百年歷史的建築中，回味臺灣的「古早味」。舉例來說，該商店中以臺灣南部萬丹生產的紅豆，搭配黑糖，以炭火燒煮的古早味紅豆湯，成為開店初期的主打招牌商品 —— 一種早期純樸、真實，沒有任何添加與人工的真實原味，強化了該品牌的精神。

3. 老店與傳統產業轉型活化模式

　　迪化街上許多店家傳承經營超過百年，有的店家與產業已漸漸消逝。但同時，也有許多傳統產業尋求轉型活化，李亭香餅店即為具代表性的個案。另一家 URS329 稻舍，以 URS 的模式來活化老屋，背後隱含的價值為挪用大稻埕為北臺灣稻米批發重要節點的歷史文化資源。

「李亭香餅店」為迪化街北段的百年傳統餅店。隨著家中長輩年紀漸增，傳統餅店幾乎面臨歇業的困境。在高科技產業工作的第五代長子決定回家繼承家業，三個妹妹跟進，四兄妹共同為家族事業努力。意識到傳統美食必須調整。經過無數次研發，老店新生。如口味的調整，改變包裝容量大小，更精緻的包裝設計，研發出花生糖「平安龜」、「寶柚兔」[47] 等新產品，增加英文日文介紹，開發新的通路，活化傳統產業的經營模式。店外增加傳統糕餅製作道具的展示，介紹傳統糕餅的製作與技術。李亭香餅店從產業內涵到販售文化的活化，代表傳統糕餅產業復興，也讓原本相對於中南街比較冷清的迪化街北段更受到關注。

相較於中南街，迪化街北段商業活動較少，來自於其產業特性。北街原本主要為稻米產業。許多建築物原為碾米廠和糧倉，稻穀經過碾米裝袋後，直接從河岸碼頭送走。故北街店面較少與一般消費者有太多商業互動，相對也保留得比較完整。現今北街也仍保有碾米廠及古老機具店面。

1923 年成立的葉晉發商號，曾是迪化街最大碾米廠和米批發商號。隨著產業變化，家族陸續搬遷離開迪化街，第五代葉守倫原本在中國工作，後決定返回祖宅，以此為據點重新開創家業。因具備產業經營概念與經驗，葉守倫後爭取增設 URS329，取名為「稻舍」[48]。為了紀念該家族從稻米販售起家，以稻米作為該建

築空間活化再生的主題。運用該建築前後兩進的特徵,第一進作為稻米文化與相關產品的販售展示空間,第二進與樓上的空間,規劃以米食文化結合當季食材,設計出特色菜單的餐飲空間。以米食文化的展示和販售,傳遞迪化街稻米集散的歷史街區集體記憶。

在具體的策略擬訂上,為吸引更多人看到大稻埕街道與建築之美,北街長大的導演葉天倫,以拍攝電影作為行銷大稻埕的第一個策略。以稻米批發起家的家族祖宅,支持了電影大稻埕拍攝,以及將小說「紫色大稻埕」[49]改編為電視連續劇,再現傳統街屋之美,成功吸引遊客來訪[50]。這個在影視作品鏡頭裡吸引群眾目光的老宅,在 2016 年也重新以「葉晉發商號」的名稱,以老屋新生的模式,整理為「米糧桁」的文化產業空間:一樓第一進主要是銷售臺灣各地的精緻飲食商品的店面,第二進為米製烘焙食品與複合式展演營業空間。二樓為文創事業的共創辦公室,三樓則保留為葉宅的辦公室、文物展示與神明廳。這座老宅經由設計師的巧手轉化,獲得 2017 年遠東建築獎 —— 舊屋改造特別獎的佳作,使得其媒體曝光與人氣更旺,加速帶動迪化街北街的繁華。

此外,相關團隊積極規劃更多的北街活化策略[51]。例如邀集北街店家,2016 年初,舉辦與南街相互輝映的「北街年貨大街」。這些北街團隊採取的街區活化策略,大致仍是環繞著以往米食文化的歷史傳統符號推進著。

4. 新舊融合模式

　　所謂舊瓶新酒，在此指稱原本在地的產業形態，因應時代調整其經營模式，以利於該產業持續推展，特別是從建築硬體與產業軟體兩個面向均獲得良好保存活化者。在此以「臻味茶苑」和「王有記茶行」兩個案例來說明。

　　茶葉是大稻埕商業文化歷史發展的根源。「王有記茶行」可說是最早以文化引導歷史街區再生的案例之一。王有記茶行第五代留學國外主修國際貿易，善用所學、拓展家族事業版圖。為活化傳統產業的品牌形象，將該歷史建築改造成活的茶葉博物館。長型街屋最外面是販售空間，第二進以後是製茶空間，可以預約開放參觀，讓大眾認識茶葉的製造過程。二樓原本是撿茶的工作空間，目前改為可以舉辦講座的品茶空間；週日提供免費南管演出，將自身經營為大稻埕區域的資訊與社區服務節點。有記茶行以其大稻埕入口區位優勢，結合在地軟體資源，從1997年迄今，每月一次持續提供免費的大稻埕導覽活動，讓社會大眾認識老街，持續活化在地社會網絡與鄰里情感。

　　「臻味茶苑」建築原址為「林五湖故居」，該建物為迪化街目前所知年代最早的建築物。經政府補助建物修繕，邀請屋主固定舉辦導覽活動，與市民分享建物之美與在地豐富歷史與故事。另一方面，現有的店面經營者原本在鶯歌經營茶行，經由友人邀請，

以及受到迪化街街道與建築景觀之美，以及迪化街為臺灣早期茶葉產業發展基地的歷史元素吸引，選擇在此開店，將古味盎然的傳統建築和在地產業文化傳統有機融合。

5. 外來老品牌移入歷史街區

隨著大稻埕近年來越來越受到觀光客的青睞，包含日、韓、東南亞與港澳等不同地區的訪客頻頻到臨，許多傳統美食餐飲點心品牌，也開始在這裡展開其新興的經營模式。例如「合興」與「滋養」這兩個老牌子為其中的重要代表。

「合興」來自於原本開在南門市場的上海點心舖「上海和興糕糰」，這家老店營運起點為 1947，迄今超過七十年。原本的上海移民在臺灣做起傳統糕點生意：鬆糕等中式點心，原本為過年才會吃到的奢侈品，更是許多外省移民的鄉愁，經由市場的日常販售，將年節感轉換為日常點心與特色美食。第三代年輕人不忍家中長輩的傳統產業漸漸失落，也期盼為傳統點心改換新風貌，因此在迪化街上開了這家名為「合興壹玖肆柒」的店舖，將其設計背景出身的專長，運用於改造傳統鬆糕，店舖風格的打造，以及把市場裡悶熱的採購現場，轉換為時尚的點心品嚐小舖。

這樣的店舖營運，一方面從室內空間的精心設計出發，另一方面，則是核心產品的具體改造：為了讓傳統以大家庭共同食

用的麵點，轉型成為年輕人可以共享或獨自品味的精緻小品，合興壹玖肆柒將點心的尺寸縮小成為一口就能吃下的可愛精緻模樣，讓每位消費者可以同時享用不同口味。現場的佈置，仍保留傳統糕餅舖現做的熱氣喧騰與器物聲響，在擺盤與用餐體驗方面，上海點心和大稻埕茶兩者的相遇，創造出從視覺、聽覺、味覺、嗅覺等不同感官，都能得到美好體驗，讓追求時髦的年輕消費者，重新體驗與認識傳統糕點文化。店面開張迄今，深獲消費者喜愛，也讓傳統美食的轉化新生，留下好的模式。更有意思的是，不僅是茶品，合興也和葉晉發商號合作，以其提供的彰化黑米，開發出新的、季節限定黑米栗子鬆糕，重新設計新的年節伴手禮盒，為大稻埕的美食地景，增添新韻。

　　滋養製果創立於 1953 年，是以「和果子」製作起家的商號。老店位於南京西路圓環商圈。歷經超過一甲子歲月，中間也曾經以雜貨店、西點麵包和豆餡舖等模式經營。強調以臺灣農產品作為原料，堅持好的原料才能創造出好產品，企業精神主軸為：「品嚐臺灣，四季美味，五感律動。」

　　2018 年初，滋養以「滋養豆餡舖」的品牌名稱進駐到大稻埕。一改過去以零售為主的店舖型態，新店面提供了可以在現場享用美味點心和舉辦活動的雅緻空間。在店舖的視覺設計上，花了相當多的心思。雖然是號稱以製作和販售「日式和果子」的店面，

但強調臺灣在地的當令季節性食材，而店舖現場也展示著臺灣傳統製作糕點的木模、秤等器具。日式點心的高度視覺化美感，滿足消費者拍照上傳社交媒體的新興消費習慣，快速拓展該店的品牌知名度。和果子在現場也搭配茶飲，強化大稻埕美食和茶品的歷史形象。店舖位於三角窗的街角空間，紅磚建築搭配灰色抿石子飾帶的迪化街歷史街區的典型風格，更加凸顯出「日式」和果子和大稻埕歷史血統上的連結。為大稻埕美食地景既具開創性新貌，又複習了傳統建築樣式的引人案例。

　　前述五種不同模式的在地產業轉型發展，傳遞出歷史商街的歷時性變貌，以自身傳統為基礎，形構出當地美食地景之際，也牽動傳統產業朝向文創產業趨近的樣態。創意產業和在地產業間的互動激盪，是醞釀創意產業的沃土，也是刺激傳統產業持續活化的能量。

文化引導都市再生 (cultural-led urban regeneration)

　　前一節闡述「都市再生」概念取代如何「都市更新」的過時做法，強調珍視都市或區域的在地歷史發展脈絡與文化資產，關注居民與在地生活的聯繫。由於著眼於地方的歷史、文化、藝術與美學價值，故有論者提出了「文化引導都市再生」的概念，強調

新一波的都市再生議題，關切於如何從在地的文化資源，重新找到在地產業轉型與經濟活化的機會，不僅與文化及創意產業有著相當雷同的軌跡，而衍生出了「文化引導都市再生」的地區活化模式，甚且，也有學者更細緻地再區分出「設計引導(design-led)都市再生」或是「美學引導都市再生」等用語，以突顯以設計產業或是象徵美學的符號生產，作為地區活化產業轉型的個案經驗差異。總體來說，文化場域的生產性被視為對於城市經濟和街區活化的重要解方。

五、牽動與互動：文創產業與在地產業的關聯

　　大稻埕街區從最早的稻米、茶葉輸出，逐漸轉型為傳統南北貨、中藥材、食材與布市的批發基地，超過百年歷史，近年來更朝向吸引許多創意工作者移入的產業模式進展。不可諱言地，這樣的變化的確促成了商區屬性的轉變。新移入的文創產業跟原本的商業活動模式之間，存在著相互牽動與動態互動的聯結，兩者之間並非一組二元對立的關係，而是持續性的光譜。本節將從創意產業和傳統產業的辯證、緊張矛盾與新的實踐策略等三個向度，討論兩者的關係。

（一）這不是我的「年貨大街」！在地商店街與市集的衝突
　　官方的 URS 政策外，創意工作者的參與投入，在地年輕人

的「返鄉」耕耘，是帶動前述迪化街美食地景形構的關鍵作用。然而，年輕世代的投入能量與在地活化想像的藍圖似乎並未停留在此。其中，與已經漸趨僵化的年貨大街抗衡，組織與動員在地商家和年輕人，以創造出迪化街街區認同的市集為其中一項策略。[52]

　　1996 年起開始舉辦的「年貨大街」活動，在二十年前可謂為有效重新包裝大稻埕歷史街區的事件行銷，每到農曆春節前的持續辦理，讓「年貨大街」幾乎與大稻埕地區的「迪化街」劃上等號。然而，正是因為這個行銷活動每每在過年前創造龐大商機，大量各地商販湧入，在地商家的地理優勢並未獲得保障，在地販售產品的獨特性也難以突顯出來，許多不同的聲音開始浮現，同時意圖展現更豐富在地文化內涵，由在地人角度籌劃的活動出現。

　　有感於大稻埕文化的豐盛美好，希望推廣給更多人認識，特別是更深入地挖掘歷史，避免只是任由外來訪客來定義或詮釋迪化街是什麼。從小成長於大稻埕的邱翊召集策劃，於 2013 年 8 月10.11 日兩天，搭配 10 日晚上的「大稻埕煙火節」，舉辦名為「時光市集」的活動。

　　這個市集的策劃與動機企圖與官方版的年貨大街對話，為突顯在地多元面貌與文化元素內涵，活動規劃設想了許多細節。例

如，活動舉辦場地設在永樂市場廣場上，攤商則以在地商家與邀請創意工作者共同加入。其次，特別邀請在地的霞海城隍廟與林柳新偶像館共同參與。廣場上別出心裁地鋪設了稻穀，讓孩子們享受難得的體驗，呼應大稻埕歷史命名的典故；另外，規劃名為「大稻埕尋寶活動」，藉由設計小遊戲，提供贈品，鼓勵遊客按圖索驥參與在街區中穿梭尋寶，更有參與感地投入活動，在遊戲中探索在地歷史文化。邱翊先生當時接受媒體訪問時指出，該項活動的確是希望藉由市集邀請訪客能體會更多大稻埕的文化領域內涵，再把這樣的參與能量輻射出去。

活動舉辦後獲得好評，從原本一次性的活動，延長為持續性市集。2013 年 11 月，「時光市集」從原本的永樂市場，轉戰迪化街北段的騎樓舉辦，名稱改為「亭仔腳的時光市集」，以懷舊復古作為主題，《路攤 x 開講 x 野台 x 童玩》以四種不同元素的匯聚來訴說大稻埕的故事。累積之前的舉辦經驗，可以觀察到，許多在地在外工作的年輕人，新近移入的創意工作者，已經逐漸開始積極投入這些在地活化的文化事件中。例如世居在地的柯智豪，新加入的蘑菇設計張嘉行，與拍攝電影大稻埕經驗的導演葉天倫等人，都是這裡長大的。

「時光市集」後來雖因故未能持續舉辦，但其挖掘出對當地再發展的提問，特別是環繞著官方極為簡化地，經由「年貨大街」

和「大稻埕煙火節」這兩個節慶活動，以短暫的事件行銷來面對迪化街再發展的複雜課題，經過這幾波持續地社區擾動和邀請對話，顯然是無法解答居民的種種疑惑。持續醞釀的能量，累積到2016年後，逐步擴散轉化為更多元的，以在地觀點發展出來的街區活化、與吸引更多觀光客拜訪迪化街的模式。這其中，深度導覽與市集活動成為兩組經常活化運用的策略。

舉例來說，2016年農曆春節前夕，首次舉辦的「北走，夯仔內」2016迪化北街在地年貨市集，為了突破既有年貨大街僅固定設置於迪化街中南段的模式，北段業者自行集結起來舉辦市集活動。在地重要的信仰中心霞海城隍廟多年來香火鼎盛，訪客眾多，也積極加入在地活化行列，以「廟埕藝心，職人情味」的價值為核心，與「舒喜巷」團隊合作，從2015年底、2016年開始，規劃舉辦大稻埕「戀愛埕舊」老靈魂市集；後持續舉辦市集，但每次依照季節等變化設定不同主題。例如四月春初主題為「春天稻了，布思藝」巧妙結合時令和當地的布業。後更匯聚為「臺北霞海城隍文化節」的系列活動，與城隍繞境活動相互結合，以大稻埕在地為文化主體的思維益見凸顯。

與此同時，對應於南街永樂市場前的霞海城隍文化節，約莫於同時，URS155的經營團隊，將其以往持續累積的創作共享經驗，轉型為在北街舉辦的「天井市集」。目前這些活動仍持續地

辦理中 。[53]

從前述這些在地年輕人和創意工作者參與街區活化的推動經驗，可以延伸思考兩項議題。首先，由於大稻埕地區原本即為相關餐飲食材批發匯集之處，以在地的飲食符號美學作為市集主題，以在地販售的相關商品設攤，聯結了從批發到零售，提供了直接面對消費者的銷售服務，銷售商品之際，也創造了在地文化符號的消費經驗與美學體驗；另一方面，所謂的「市集」（market, bazaar）本即為提供產品購買的商品服務業，是串聯其銷售端與消費端的面對面時空；與此同時，是集中邀請了多元攤商，提供創意工作的微型創業者直接尋找買家的銷售管道，開創不同的就業模式與機會。這些創意工作者藉此參與迪化街的街區氛圍與文化空間，使原本以批發業為主體的商街，建構出不同尺度、層級和主題的消費場域與服務，有利於創意工作者進入迪化街的銷售空間體系。這些都是有利於文創產業在迪化街生根發展的資源基礎。如同邱翊先生於 2013 年舉辦「時光市集」受訪時表示，由於大稻埕百餘年來的商業文化推進模式，「過去商業的累積，是一個開放的心態。」這種比較開放的心態與氛圍，吸引了文化領域多元的創作者進來這裡，這裡有著最新穎的思潮與訊息流通，匯集著同樣有著創作熱情、心態開放的藝術家，能夠彼此激盪出燦爛的火花，引領時代的風潮。這樣的氛圍與匯聚效果，似乎也在一次一次的活動與市集中逐漸累積，和創意工作者進駐兩者之間，相

互輝映。

（二）不只是商店，這裡是我的家

　　大稻埕街區的產業生態近幾年來的變遷，除了從主要為批發模式轉向小眾的零售模式，產業內容也從原本的中藥材、南北貨食材，部分導向為創意產業，特別是小規模、本地的設計師品牌和生活美學用品，以及精緻的咖啡和茶飲店。相較於產業內容的改變，更關鍵性的差別在於，傳統商業販售與建築形態，乃是以長形的店屋來維繫「前店後住」的住商混合形態，這同時意味著以家族、家庭成員共同經營與傳承的組織模式。甚至早期從家族勞動演變為師徒制，店東等於師傅，店員是徒弟，日據早期仍保留師徒制的色彩（林衡道，1994：2）。換言之，迪化街的商店多為自有店面，且世代居住於此為多。這裡既是百年傳承的店面商業空間，更是世代居住的生活場域。雖然其間或者有些家族或分家後選擇遷往他處居住，但相對於後來的店面租用者，即這些晚近的創意工作者多以租用店面為主，較缺乏長時間居住於此，以店為家，將商業活動與每日生活完全扣聯的空間經驗模式。

　　循著前述兩項發展趨勢，同時產生值得關注的矛盾課題是：大稻埕的訪客日益增加，商業活動回溫，在地商家感受到文創產業移入與年輕世代想從頭認識迪化街的熱情，暗示了商家重新調整行銷定位的可能潛力。但伴隨著可能的紳級化狀態，即使此地

自有店面比例較高，但逐漸浮現的危機是，有些獲利率較低，或下一代已經無意願承接的店家，可能選擇釋出店面，以收取租金來取代自營店面。那麼，可以預見的是，部分傳統業種會因此離開迪化街，或者是選擇以積極參與行銷自身的新興模式浮現。

年輕創意工作者移入，可能引導著迪化街店屋建築形式意涵的「商店即是家」，長期的商業活動即為在地文化最真實面貌等論述受到關注。換言之，如何延續居住和商業活動之間的穩定平衡關係，確保原本以人際網絡所架構起來的社會空間與日常生活情境，並非紙上的鄉愁，而是真實展現在街區內每天吃飯喝茶穿衣與巷弄街道的穿梭來去話語之間。這是創意產業地景在大稻埕迪化街逐漸浮現後，牽動了原本長期定居於此的在地社群，被高度引發的危機感與生存意識——原本安居於此，慣常的生活形態與社會互動模式，因為新的變數植入生活空間中，動態且持續地和在地街區發展出各種有機變化。相較於年貨大街節慶式地、短暫而侷限於特定時空間一次性活動，這些在此地開店的創意工作者與經營者，以及每日持續遊逛與現身的觀光客帶來的互動效應，顯然是要更難以忽視。

創意工作者的新店面帶來的新商業模式，固然引發原本在地經營者的關注，另一方面，觀光客對這些文創景觀表達出來的高度熱情，及其創造出來的空間美學與符號經濟，牽動這些老店

家漸漸轉向，試圖在原本的經營販售經驗中，引入美學與符號經濟的運作模式。這個經由街區日常商業互動經驗所傳遞的經營模式調整，創意工作者的牽動之外，在地的專業社區工作者，特別是年輕世代的融入，是讓在地傳統產業逐漸朝向美學化的關鍵作用力量。而其運用的行動策略，包含達人帶路導覽式的街區小旅行、創意市集與文化節等等節慶活動的規劃引入，是較常被活用的形態。

（三）導覽與故事訴說—從藥材到藥膳體驗經濟的創新實踐

迪化街中藥商通常被視為臺灣經濟活動中的優勢群體。不論迪化街商業活動發展如何，在此經營中藥批發的店家，因擁有商店產權，往往相對可保有其經濟優勢，受到衝擊有限。中藥店消費群體通常不是年輕人。這使得這些傳統店家對迪化街的文創地景新發展通常態度較為保留。然而，當移入街區的創意工作者與店面越來越多，特別是大量年輕人與外國遊客來到迪化街，這些中藥商家逐漸感受到必須跟著調整，否則消費者的喜好可能會日漸改變。另一方面，長期在此進行社區工作的專業者，持續跟當地商家互動的經驗，深刻明白商家對迪化街拓寬與否的議題，乃是以商業利益考量優先的。當逐漸傳出可能某些中藥商店面考慮獲利不如以往，打算結束營業，將店面出租的訊息時，積極保存迪化街中藥批發特色的聲音出現了。

迪化街的中藥商業公會和 URS44[54] 的專業團體「大稻埕亭仔腳工作室」展開合作，希望以較為活潑、接近消費者的體驗經濟模式來行銷中藥，特別是一般人都可以享受的中藥藥膳、食補與美容保健食品。2015 年底，以傳統節氣的立秋與立冬為主題，進行街區導覽與行銷活動，帶市民認識大稻埕中藥行。

　　華人飲食中有所謂「食補」。食補概念強調食物就是天然的藥。人們在不同季節中，因大地變化需要不同的調整與補充。舉例來說，夏天很熱，身體流很多汗，需要補充流失的水分，讓身體不要太燥熱。冬天因天氣寒冷，血液循環較差，需要多補充讓身體溫暖的食物。農民曆的 24 個節氣中，因應不同氣候變化，有相應搭配的食物與藥膳。這些與傳統緊密聯結的飲食文化跟年輕人、也就是文創產業主要消費族群的生活經驗差距太遠。但透過社區工作者中介後，重新透過美學化的方式，讓兩者間建立起相互對話的橋梁。

　　以名為「立秋小街」和「補冬」的兩場活動為例，這個活動乃是社區組織工作者和在地中藥商業公會幹部發展出來的。先跟平常較為熟稔的店家溝通，設定好當天導覽解說要拜訪的店家與路線。接受約三十位報名者參加。每家商鋪各自以其店內商品主題為核心，準備店內的特色料理或獨家配方，例如羅漢玉杏湯、藥燉排骨湯、補氣茶，燕麥粥、當歸湯，燕窩，青草茶等等。經

由當地中藥商業公會主席帶領，逐一解說各家店面特色，包含歷史建築風格，店家歷史（許多店家傳承超過百年歷史，或複雜的家族兄弟分家等故事）與迪化街的發展關係，各店家的重要商品或獨門配方等等。參加者開心享用店家準備的美味食物，討論日常生活保健與中藥運用，了解當地歷史。當然，最重要的，藉此購買相關商品獲得商家親切的解說與服務。這個活動可以說是成功地挪用了創意產業的溝通模式，讓消費者透過動態的活動，深入認識大稻埕的中藥文化；更重要的是，讓傳統經營的店家了解，「體驗經濟」模式創造讓消費者直接接觸中藥與食補的機會，對行銷中藥這個古老商品有正面而直接的效果。易言之，這樣的行銷方式無疑是要讓歷史悠久的店家，也能夠掌握年輕人熟悉的溝通模式。

　　兩次活動成效良好，消費者期待持續舉辦。進入 2016 年春，後又於四月推出「春遊學大稻埕」活動。這個活動延續之前的「立秋小街」和「補冬」的活動，仍是以在地商家與飲食的聯結為主軸，例如某兩家中藥行的春雞藥膳料理和花草茶品茗，強調春天四月的飲食特色。再加上迪化街在地超過數十年經營的蜜餞店與蔥蒜行。且這次的活動再加上永樂市場的布市的手作體驗活動，搭配當天舉辦的「巷の大稻埕～春天稻了，布思藝」創意市集活動，讓消費者認識了迪化街中藥發展歷程，強化街區傳統產業與文化的價值。甚至與前述「臺北霞海城隍文化節」相互接軌合作，

匯聚更大的在地能量。

中藥商業公會對活動效果也抱持正向態度。根據現場的調查，幾次活動中，臺北市中藥商業同業公會理事擔任主要組織者，他們自身經營的店舖當然也全力投入這樣的行銷活動中。這些活動讓「中藥行」重新調整自己在街區的角色。意識到中藥產業必須貼近年輕消費者，體驗經濟提供的行銷模式，吸引年輕消費者貼近，有利於這個飲食文化的延續。中藥行是否面臨沒落的危機，在這個創意產業和傳統產業競逐街區空間中受到關注。即振興原本在地傳統產業是街區活化的重要內涵精神。創意產業固然為街區帶來年輕人口，讓產業活化。然而，是否會因過於強調創意產業，而讓這裡原本的產業浮現危機，或者是因為應用新的行銷與活化策略，反而能讓傳統中藥文化走出新的發展？

六、從美食地景到創意產業：大稻埕的美學化消費

文化的發展必然有其脈絡性的連結，無法憑空而生。如同前一章提到的大稻埕藝旦文化，或是江山樓的宴飲排場。大稻埕一帶因著其較早發展的歷史背景，以及臺灣資本主義商業文明在此發跡深化，新興的餐飲美食文化也自然在大稻埕街區周邊持續蔓延發展開來。1930 年代，畫家楊三郎兄長楊承基開設維特咖啡館，

為臺灣第一家咖啡館。咖啡所象徵的西式文化，伴隨著與繪畫藝術的結合，沙龍與文化公共場域的模型在臺北城市中初現。維特咖啡主廚廖水來 1934 年另獨立開業創立「波麗路西餐廳」，是大稻埕富裕人家享用時尚的西化餐飲表徵，也吸引當時接受西方教育和藝術文化衝擊的知識份子與藝術家，經常在此聚會──定期在餐廳內舉辦畫展，為臺灣當時藝術家活動的重要據點。彼時臺灣社會經濟生活尚稱不上富裕，西餐廳為重要的社交場合，波麗路餐廳也被社區居民戲稱為「相親餐廳」，是當時介紹男女相親的重要地點，至今仍持續營業，並於 2006 年，登錄為臺北市歷史建築類的文化資產。同時期尚有波麗路新店和日前已歇業的肯特西餐廳。王井泉先生為二次大戰前後，臺灣美術運動重要的贊助者之一，他開設的「山水亭」餐廳猶如巴黎咖啡店「文化沙龍」般的文人據點，為臺灣文學雜誌編輯部所在。詹天馬的「天馬茶坊」也同樣為當時的文人聚會場所。在這些西式沙龍與文化公共領域浮現的時刻，傳統的用餐與酬酢地點──酒樓，江山樓，東薈芳，春風得意樓與蓬萊閣，所謂的四大酒樓，為富商文人聚會宴飲之所，蔣渭水即曾經接手經營春風得意樓，可以想見這些當時的美食餐飲消費地點，在社交、知識與資訊交流、人際網絡互動層面的重要作用，及經此流傳下來大稻埕的酒家菜與那卡西文化。

因著社會變遷與產業調整腳步，大稻埕街區移入的創意工作及其產業，與其說是改變了大稻埕的歷史景觀，毋寧是創造了

新的美食地景，也牽動在地產業社群與街區文化的辯證演化——創意產業與在地傳統產業之間並非二元對立的兩造緊張關係，更像是延續性的光譜。在這個延續超過百年的歷史商街中，許多產業也經歷過持續的變遷演進。例如，根據口述歷史的調查資料，約在民國六十年代，許多南北貨業者考量無法獲得充分利潤，轉而將房屋租給中藥業者，使得巔峰時期曾經高達 1600 多家的南北貨商鋪，減少到民國八十年代約 240 家左右（卞鳳奎，1994：12）。

　　由於大稻埕迪化街區的發展樣態仍在持續演進中，本章是階段性觀察與探討，期望以大稻埕長期以來擔負南北貨與高級食材的批發零售商業功能，在傳統飲食文化集體記憶層次的角色，二十年來年貨大街節慶活動持續辦理，迪化街與年味和傳統飲食文化的聯結深植人心，足以成為在地豐盛的文化資源，以及作為創意產業進入大稻埕街區，最能夠取用和轉化的空間經濟與美學符號。最後，以下列四個面向提出對大稻埕歷史街區在地產業和創意產業之間互動與轉化的觀察。

　　首先，關於社區組織工作者的介入。透過專業社區工作者以一種跨越了傳統在地飲食文化符碼，一直到新興創意產業兩端，以光譜式、綜效的、多元且相互滲透的理解與詮釋，的確對在地傳統產業具帶動的效用。或較為簡化的說法，讓原本相互不理解

我城故事：大稻埕街區生活書寫

符的在地商家文化得以交流，互為主體的理解，小幅度地消解原本潛在的緊張。

其次，在建立與消費者的社會溝通面向上，傳統中藥、藥膳、花草茶，甘味果品與日常食材，以及迪化街在地飲食商品等等，經由這些規劃過的導覽解說活動，透過消費美學化，以及符號的動員與想像，訴求消費者從原本較為單純的商品購買，朝向美學化的文化消費形態。即透過這些導覽體驗後的商品購買消費，讓商品的美學與符號跟消費者的經驗產生連結。經過文化觀光過程，重新喚起某些沉澱在日常生活的文化內涵元素，建構起飲食文化的認知與想像。

第三，在地傳統產業和新植入的創意產業之間的聯繫方面。傳統產業與消費經驗的美學化過程，讓傳統商業活動得以朝向文創產業的路徑，漸漸調整其空間再現與象徵符號。在大稻埕的文化地景生產中，這些與傳統生活美學掛勾較緊密的飲食符碼，構聯了新進的文創產業，讓迪化街的傳統歷史建築街道景觀，產生了動態調整與融合的可能性，一種迥異於年貨大街割喉式的節慶模式，新的飲食文化地景悄悄浮現。

最後，創意產業如何挪用在地文化資產來取得發展的養分？特別是能否藉著創意產業讓在地文化資產永續發展？不僅從傳統飲

食邀請消費者貼近，近來更逐漸連結上布業文化的設計與美學化發展趨勢，凸顯出這些在地深厚的文化資源相互之間挪用和對話的豐厚表現性。從主題導覽解說小旅行、在地創意市集等等活動，吸引年輕觀光客到訪外，承載在地信仰文化的霞海城隍廟，也在這一波美學化空間符號經濟建構的系統中，激盪出「臺北霞海城隍文化節」；臺北市政府於 2017 年底，在永樂市場四樓開發出 T-Fashion 時尚實驗基地，做為帶動傳統布朝向服裝時尚設計轉型的發展樞紐。

從在地傳統商業活動的活化，社區專業工作者的經營串聯，創意工作者的移居與融入，以及年輕世代的回流，一直到在地信仰中心融入文創地景來重新描繪自身的中心性，大稻埕創意街區的動態發展趨勢，在城市再生、文創產業與創意聚落、以及飲食文化不同面向，豐富了對大稻埕的地景意義與詮釋。

第五章

[39]2012 年後，國內陸續有博碩士論文進行個別基地的個案研究（林宜萱，2013；高如萱，2012；秦慧萍，2014；許惠雯，2013；湯舒婷，2012）；有研究者反過來論述，這樣的都市再生實踐所引發的藝術介入形式，如何形構為都市文化空間政策（柯惠晴，2013）；也有研究者從較為宏觀的角度，思維 URS 執行成效評估機制之建立等問題（趙仁志、許國威，2015；邱立安，2015）。

[40] 本章資料收集方法依據研究課題分為三種。分別為文獻資料法、田野調查與訪談法。針對國內文創產業的定義、實務操作檢討，與其他國家地區等等的比較與分析，採取文獻資料法。大稻埕地區近幾年來的文創產業進駐，URS 駐點，包含講座、座談、工作坊、深度導覽或市集舉辦等等，分別以田野調查和訪談的方式來收集資料。研究者從 2010 年開始，即參與關注臺北市政府都市更新處 URS 計劃，也實際參與相關活動的執行等等，同時兼具參與者和觀察者兩端的角色，除了以自身參與各項工作坊、展覽、講座、座談，審查會議等活動的直接觀察外，也針對都市更新處相關政策制定與推動的工作者進行訪談。從 2010 年第一個 URS127 開始，展開對迪化街區的觀察。2013 年起，則持續透過參加與觀察活動，邀請訪談等方式，持續維持對大稻埕街區的田野調查工作與記錄。也受邀擔任相關議題討論的參與者。同樣兼具觀察者與工作者兩個角色。此外，為維持對大稻埕地區進展與變化的理解，與研究者長期關注的大稻埕節點相關社區工作者保持持續討論與意見交流。本章後面篇幅的寫作資料基礎，主要來自於研究者長期持續的田野調查觀察，以及對利害關係人的訪談資料所歸納彙整或綜結而來。

[41] 英文原文為：It is generally agreed that this term applies to those industries that combine the creation, production and commercialization of creative contents, which are intangible and cultural in nature. These contents are typically protected by copyright and they can take the form of goods or services. 資料來源：http://portal.unesco.org/culture/es/files/30297/11942616973cultural_stat_EN.pdf/cultural_stat_EN.pdf

[42] 本書寫作過程中，2019 年，大稻埕地方創生公司成立。其可能引發的街區變化，仍待觀察研究。

[43] 類似於以「錦市場」是京都人的廚房，或「築地」代表東京人的魚鮮美食集散地，這樣充滿文化指涉的語句。

[44] 這裡涉及另一個政策工具的運用，即容積移轉。屋主透過其容積的移轉，得以強化保留原有老屋的意願，有助於公部門進行街區整體策略性資源配置與調整的彈性。

[45] 在此並非意指大稻埕街區僅有這五種發展模式，而是以 2010 年的 URS 計劃開始，迄於寫作過程中的觀察，區分出這幾種不同作用者的策略運用模式進行階段性的討論。許多經驗現象仍持續地變動與發展中。事實上，本處所舉的案例，個別也已經產生不同的變化，本文可視為其發展過程軌跡的紀錄之一。

[46] 該品牌創始與周奕成的藝埕系列出於同源，後出現經營模式調整等內部變化。

[47] 這兩樣產品以中文的諧音隱含祝福。平安龜代表「出門在外，平安歸來」。寶柚兔意指「有神佛的保佑」。

48 本研究對稻舍的觀察從其籌備期即已開始，其經營團隊也經過多次調整變化，但考量其整體價值取向並未產生根本性的變動，故本文未特別描述這些過程細節。

49 為持續吸引人們關注，彰顯當地的歷史記憶，該團隊再次運用家族祖屋的美麗建築與歷史場景。該小說由臺灣美術史家謝里法撰寫。故事主題為臺灣早期現代西洋美術萌芽時期，幾位重要畫家的生平。西洋美術在臺灣開始萌芽與發展的時間點，大致是 1920 年代。這股西洋現代文化在臺灣蓬勃發展，主要場景就是大稻埕。

50 當時拍攝名為「大稻埕」的電影。之後，同一建築作為電視劇「紫色大稻埕」拍攝場景。目前該場景陸續有各種 MV、電影和戲劇前來取景，包含新加坡的廣告。

51 新成立的大稻埕地方創生公司乃是以南街成員為主組成的經營團隊，其目前提出的營運重點積極以北街的空間營運為主，例如集資改造李亭香餅店旁，街區人稱爛尾樓的建物，於 2020 年初，自行規劃舉辦北街的「在地版年貨大街」。

52 甫成立的大稻埕地方創生公司即將於 2020 年的農曆年前，假北街空間舉辦「民間版年貨大街」，主要要取勝於官方版，籌辦一場民間自辦，且更勝一籌的精緻版年貨市集。

53 各種市集活動目前在大稻埕街區已經成為經常性舉辦的活動。每次辦理的團隊雖不盡相同，但以市集活動來吸引、邀請年輕社群的創意工作者和文化消費者進入街區，不僅已演進為成熟的運作模式，許多創意工作者也開始長期進駐在此地區擺攤。

我城故事：大稻埕街區生活書寫

[54] 原本負責營運 URS44 的單位為「歷史資源經理學會」，該基地定名為「大稻埕故事工坊」。考量執行特定計劃所需，另於同處原址，設置「大稻埕亭仔腳工作室」。亦即，前者負責整個 URS44 再生基地的營運與活化，後者則是以社區營造的模式，專案執行與街區鄰里互動，討論大稻埕社區環境等各面向問題的事務。但原本的經營團隊已經撤出，目前該處的營運管理單位為臺北市政府觀光傳播局，此為柯文哲市長任內的政策調整，自 2019 年起，改為「大稻埕旅客服務中心」。

孫仁鍵　繪
2002.5.5 台北大稻埕

第六章

兩座博物館：大稻埕

一、從老街上誕生的博物館開始提問

短短的一條臺北大稻埕迪化街上，2016 到 2017 年間，四個月內兩家博物館開張，要如何理解與想像這個現象呢？這是個憂心與恐慌於集體記憶可能消逝的產物？是民間社會想藉由設置博物館，以保存集體記憶的心血與努力，而浮現為學者所稱的「博物館熱潮」（museummania）（Huyssen, 1995: 14）？在集體記憶、紀念和觀光之間，我們如何理解與記憶這股博物館熱潮和全球化觀光的文化轉向？

婦女救援基金會歷經 12 年的籌備與努力，選在 2016 年 3 月 8 日國際婦女節為「阿嬤家：和平與女性人權館」[55] 揭牌，同年 12 月 10 日「國際人權日」，正式開館營運。四個月後，2017 年 4 月 15 日，由陳國慈律師推動設置的迪化二〇七博物館，也熱鬧地舉辦了開幕典禮。這兩座年輕博物館分別歷經了長時間的醞釀潛伏期，其博物館的設置與成立也絕非偶然。然而，這兩座博物館在這個時間點，在傳統上以商業批發為主的產業街區落腳，是否意涵著什麼？要如何理解這個現象？這些是本章的發問起點。特別是當社會發展漸趨多元，文化多樣性與地域認同支撐著博物館朝向更多樣性的發展，以「後博物館」（post-museum）的概念是否能有效地解釋這個現象呢？

我城故事：大稻埕街區生活書寫

博物館學者胡珀－葛琳希爾 (Eilean Hooper-Greenhill) 提出「後博物館」概念時，相當清楚地指出，當我們的社會現實已經從現代性朝向後現代主義的路徑發展，她想要和「博物館」這個本身即與「現代性」價值緊密相連的概念對話與辯證 —— 在強調啟蒙、進步、理性、民主與平等這些與現代社會所追求，且視為理所當然的價值面前，「博物館」看似是個透過保存、展示與教育活動，以傳遞知識與價值的場域。然而，是傳遞或保存哪些社群或哪種歷史視角的記憶呢？身為博物館或任何文化社會的研究者，我們不該忽略，前述這些我們認為博物館看來四平八穩、具高度正當性所想要保存與傳遞的知識和記憶，本身實隱含了某種同質的、普遍性的、單一的價值觀點與視角，一種無視於社會差異、多元異質、具獨特經驗、或偏移、或邊緣，或安於非主流視角與經驗的真實存在。換言之，「後博物館」概念提醒了研究者，不僅應關注博物館機構本身所面對的結構性挑戰，更期許於能夠從更多元寬廣的視角，來看待每一座博物館的誕生。

在經驗研究層次上，許多研究者關注大稻埕街區近年來的改變，前提來自於前一階段該商業區的衰退沒落。而當前大稻埕街區在都市休閒觀光生活中呈現的熱絡景象，朝向文化創意產業轉型之餘，是否也牽動著「博物館」在街區活化中可能扮演的角色？特別是從全球尺度的經驗來看，許多地區以「博物館」為在地文化節點，期待其扮演推進觀光產業發展的角色，以期從「文化」部

門產業來引導都市再生 (cultural-led regeneration)。那麼，這些博物館的出現，代表著一種城市文化治理下「創意城市」(creative cities) 的再現嗎？雖然已有國內研究者對這些觀點提出批判，直陳以城市發展的角度言，這些觀點顯然過於樂觀與簡化。然而，若是從「博物館」設置與運作的角度觀察，是否可以得出不同的分析視野？胡珀－葛琳希爾曾經指稱：「一群物件匯聚成群構成了典藏，即產生出社會與文化的宣稱。」(Hooper-Greenhill, 2000: 49) 那麼，當博物館與其典藏匯集在此街區空間，產出何種社會與文化意涵呢？特別是當這些物件被放置在一個多元宣稱的論述空間，這些物件又如何牽動著在地的差異與認同建構？也就是博物館與在地脈絡之間，由內而外 (inside-out)，再由外而內 (outside-in) 的往返過程，而這個往復過程即足以構成博物館的動態變化。

　　臺灣的博物館事業推展，近年來在民間社會積極參與，以及公立博物館的持續努力耕耘，加以《博物館法》的立法完成等因素支撐下，大眾普遍認可「博物館」設置的文化與社會價值；以「博物館」來帶動社會學習，與多元文化分享的機制，也取得高度的公眾信賴。博物館學在學術場域的拓展，清楚地辨識出跨領域知識地景，不同學門積極地相互對話，為其不可忽視的真實情境 (Macdonald, 2006: 1)。當前臺灣各地的博物館設置、發展與經營模式漸趨多樣，以博物館作為帶動社會改變的觸媒與誘因 (RCMG, 2002)，也已成為社會大眾賦予博物館機構的深切期許。亦即，博

物館發展與轉化的趨勢，已經並非僅關注於過去，也致力於面對未來的挑戰。著眼於博物館實踐仍是以展示為核心。

　　臺灣的文化政策推展軌跡，自 1994 年推動社區營造，致力於打造由下而上的草根民主論述，逐漸轉型出「地方文化館」的政策模式。這個文化政策的轉型，相當程度地回應了博物館政策核心價值的轉化：最初從國家設置的知識與教育推展、文物典藏與保存、國家現代性價值的塑造等歷史性視野，逐步邁向尋求地方多元主體與價值的博物館意識。換言之，當敏察於博物館如何以其展示左右著知識的生產，同時意識到博物館知識權力詮釋與多元主體的文化政治課題，足以開創出多元主體視角之博物館實踐的論述空間。

　　因此，伴隨前述兩個提問為本章探索的起點。更進一步地，本文想藉由這兩座位於大稻埕街區私立博物館的誕生，重新回望與檢視博物館設置的本質，於當代社會中所面臨的挑戰與文化想像。經由對大稻埕街區「阿嬤家」與「迪化二〇七博物館」兩座博物館空間生產與意義詮釋的探討，除了拓展對臺灣博物館發展的視野與想像外，本章更關注這兩座博物館所在的大稻埕歷史街區，以及其所活／善用的老屋建築空間。亦即，這兩座博物館誕生，除了博物館自身存在意義之外，對整個博物館外在社會空間與實質場域，是否產生什麼樣獨特的意涵？前面的篇章直接以大

稻埕街區的各種面貌來檢視其歷史轉變，本章則反過來，以兩座博物館在街區出現的歷程，來辯證其之於大稻埕的意涵為何。

二、老屋、老街與博物館：「阿嬤家：和平與女性人權館」與迪化二〇七博物館

　　典藏與物件為博物館的任務發言。物件以其所在的脈絡來展示知識內涵。這是博物館場域存在物性的基本架構。然而，自新博物館學主張發展以降，重新檢視對物件之外的場域及脈絡，既凸顯了物件及其所在場域空間歷史脈絡和社群的聯繫的重要性，也說明了欲關注博物館的價值與意涵，「場域」的思考不可或缺。換言之，為何選擇落腳於此，是博物館詮釋層次上的重要課題，也可以反過來詮釋博物館的出現，與在地街區的動態連結為何。胡珀－葛琳希爾的這一段話，或許是相當有力的詮釋：「我們從前（現在仍是）以建築物來想像現代主義的博物館，而未來的博物館則是以過程或經驗來被想像的。後博物館將要、並且也已經開始採取許多的建築形式。也就是說，博物館不會侷限於自身的門牆之內，而是會轉變成為投注於空間中的、關於社區的企圖與關切的過程。」(Hooper-Greenhill, 2000: 152-3) 因此，不僅是「博物館建築」這個內在一致而穩定的思維，從博物館本體身處的外在脈絡來說，這兩座博物館所思考與關注的是什麼？

（一）為何選擇落腳於此？

　　以阿嬤家及迪化二〇七博物館所在的大稻埕街區來說，從不同尺度的空間架構來思考在地社區場域，至少可以切分出三個討論層次。首先，最大的空間尺度來自於全臺北市的脈絡，其次為大稻埕所在的舊市區場域，最後則是迪化街與老屋的尺度。這個空間尺度的探索連結上文化領域的治理結構，迅即能夠連結的政策思維是臺北市整體的城市軸線翻轉與城市再生課題。其次，則是大同區商業街區的活化。其中，臺北市政府都市更新處推動的「都市再生前進基地」（URS）計畫為其中的關鍵作用力之一。至於針對單一店屋的文化資產身份，及其容積移轉等政策性工具的運用，則是最根本老屋尺度的議題。近年來，臺灣各地所燃起對老屋的喜愛，積極主張活用舊有建築的氛圍，關注老屋新生及其衍生的設計與經營管理等課題，與其說是從公共政策層面擴散到民間部門，或許，民間積極的動能和活力，才是引導政策思維真正的旺盛能量來源。

　　綜言之，這個街區面臨的都市地景圖像構成元素包括：臺北市歷經 1970 年代的快速擴張與經濟起飛階段，周邊街道大幅拓寬後，經歷 1988 年的「我愛迪化街」保存運動，戲劇性地留存迪化街一段未曾拓寬的歷史街區樣貌；1980 年代臺北市重心東移後，城市西部街區相對靜默，如何振興街區經濟，成為 1990 年代以降的都市治理重要課題。「年貨大街」誕生於 1996 年，其所意涵以

軟體引入節慶活動式的街區行銷，預示了進入 21 世紀後，以文化引導都市再生模式，以及文化觀光行銷的全球化流動趨勢，成為都市治理的主要取徑之一。大量觀光客到訪的南北雜貨批發的商業街區，伴隨著傳統民間信仰與每日生活空間的地景，構成兩座博物館誕生的時空特徵。

自 1992 年起，婦女救援基金會展開台籍慰安婦的調查與對日求償行動。超過 25 年的時間，持續陪伴與照顧身心受創、日漸凋零的阿嬤。過程中逐步累積與保存了超過五千件慰安婦相關的影像與書籍，也累積收集了 730 件文物。歷經 12 年的籌備，收錄臺灣 59 位慰安婦阿嬤們的生命故事，一方面以此作為支持阿嬤們生命能量的據點，傳遞這段創傷歷史記憶之餘，也轉化為持續關注當代女性人權議題，期許超越生命創傷、激發前行的力量。博物館取名為「和平與女性人權館」，即是要以歷史傷痛作為展望和平的基石，追求一個尊重、平權和無暴力的社會願景。博物館從設置開幕以降，阿嬤們的故事與強韌生命力，感動無數人，鋪陳了一個更接近市民生活場域的博物館體驗空間。

陳國慈女士出生於香港。她多次於媒體採訪時提及，負笈英國求學時，看到許多歷史悠久的老房子讓她印象深刻。這些充滿故事的老屋，讓她感受到地方的歷史與情感，是一種家的味道與記憶。沒有記憶，人就沒有根。沒有根，人還能擁有什麼呢？

在這樣的信念下，陳律師先後認養、經營位於圓山的臺北故事館，與博愛路的撫台街洋樓。這兩座建築共同具有精巧、且建築優美的特點。與陳律師買下位於迪化街一段 207 號的這棟歷史建築，傳遞著相似的訊息：小巧、優雅、精緻而充滿歷史與故事。呼應其經營團隊長期擅長的，在精巧有限的空間中，經營出精緻無限的品味。迪化二〇七博物館是社區博物館，更是鼓勵人們將「老房子」視為博物館典藏珍品，以此來看待自身居住與建築文化發展的軌跡的文化節點。

這兩座博物館看似有著各自選擇落腳於此的緣由。長期協助慰安婦的婦女救援基金會，原本爭取到政府部門的支持，允諾提供公有空間使用。但公部門前後提供的幾個處所，分別因為不同理由，使得設置文物館的規劃始終無法落實。最後基金會改以募款方式，自行尋覓落腳處。距離基金會辦公室不遠，近年來人氣高且受到關注的大稻埕街區，成為選址考慮的有力節點。但真正促成決策的臨門一腳在於：當時仍在世的小桃阿嬤曾經在附近上過小學，還有其他的慰安婦阿嬤，年輕時曾經在這附近工作，當過藝旦。這些與慰安婦女性生命經驗有過交集的城市歷史空間，呼應了本書三四章提到的，大稻埕的城市化發展歷程，是女性走出家門的歷史時刻，這個因素成為支撐了阿嬤家選擇落腳於此的最終答案。也就是說，博物館的誕生以其物件導向的想像思維，與其所欲展現的記憶保存之間，經由實質場域的地方空間意義與

歷史脈絡的支撐，更有助於故事的訴說 —— 歷史意義的詮釋，集體記憶的重構與再思，能夠找到足夠的立基點。如此一來，博物館建築基地內外與街區空間，也就是博物館所在的場域歷史，成為有助於博物館意義詮釋的具體線索。胡珀－葛琳希爾指稱，博物館物件的意義乃是由其所安置的所在決定的，更關鍵的問題是，誰決定何種意義詮釋關係具有效性？「物件的意涵乃是依據意義關係如何被安置所決定。而這些意義關係則來自於由誰決定什麼是重要的。」(Hooper-Greenhill, 2000: 50)

從原本期待官方可以協助提供博物館設置的空間，但無法得到較為妥適的使用館所空間，之後透過基金會自身的努力，回到女性生命史的視角，以臺北近代都市化起點的大稻埕歷史街區，作為支撐阿嬤家訴說女性生命經驗的博物館空間場域。因此，與其說是由基金會和博物館主管單位決定了意義關係為何，不如說是由慰安婦阿嬤的生命經驗出發，來結構出這樣的博物館空間意義及歷史意涵的詮釋。

原本個人認養臺北故事館和撫臺街洋樓的陳律師，雖然長年獨力負擔公有古蹟的照顧、維護、經營與募款工作，但仍不敵公部門政策充滿不確定性的結構限制。選擇以購買老屋的方式延續其對老房子的熱愛，成就了今日迪化二〇七博物館的成型。陳律師選擇以「老屋」本身作為博物館典藏的一環，以老屋本身作為

展示的核心。一方面呼應且對照著臺灣近年來的老屋活用趨勢，使得該博物館的典藏本身即同時涵括了軟體與硬體層次的內涵。另一方面，也挑戰近來引發關注與討論的趨勢：即博物館未設有自身常態性典藏，而是以企劃特展形式來運作的博物館經營型態。

　　館方採取的典藏思考乃是以「老屋」為博物館存在的宗旨與目的 —— 正是因為以大稻埕街區老屋為其典藏核心，因此，包含大稻埕在地街區的歷史涵構，老屋過往作為中藥行使用的興衰起落，如何承載大稻埕地區產業變遷更迭的空間意涵，產業週邊所錬結的歷史場景與樣態，以及街區的常民生活與社區記憶等等。環繞著這座老屋所能連接與結構的集體記憶和物質文化內容，均自然地成為該博物館策劃特展時，得以被重新組構與網絡化的物件和記憶。

　　前述兩個博物館逐漸成形過程的軌跡，透過博物館物件展示與視覺化經驗的連結，如同心圓一般逐步地向外擴張，由各自博物館的定位和設置宗旨出發，從展品物件的意義和大稻埕週邊街區空間架構與歷史意涵有所對話。然而，這並非單純的博物館社區服務或友善鄰里的博物館經營策略而已，是從展品物件的物質文化出發，以特定群體的歷史記憶為共同價值，拓展博物館場域範疇，呼應無牆博物館與生態博物館的意念，同時讓這個意念仍是緊緊繫於博物館自身設立的價值，以老屋所結構的歷史來支

撐博物館的內在價值意涵及其運作。

（二）老屋再生與博物館服務

　　兩座博物館選擇落腳於此的理由各異，但共同均面對兩項主要課題。首先，要在有限的空間量，以及長型、夾著中庭空間的特定店屋建築型態的活用再生，如何滿足博物館服務上的基本需求。其次，如何讓大稻埕充滿歷史與故事的街區老屋，轉化成為訴說博物館展示主題的空間敘事？

　　博物館作為公共服務據點，包含服務空間，展示、典藏、行政空間或是賣店，以及通用設計的需求等等，為滿足博物館友善及文化平權的關鍵要素。先從空間量來看，兩座博物館的空間量都不大，這在老屋活化的空間重新配置上，為極大挑戰。「展示空間」固然為博物館跟觀眾溝通的核心場域，但事實上，提供給觀眾的服務尚包含賣店、洗手間、餐飲服務等緩衝休息空間，以及行政部門的工作空間；工作團隊的準備或緩衝空間，依博物館規模與服務類型，所需要的後勤空間類型稍有差異，例如，是否有典藏空間或是修復部門等等。

1. 迪化二〇七博物館

　　迪化二〇七博物館僅採取第一進，一二三樓以及屋頂陽台對公眾開放，第二進成為行政準備空間，因此，並沒有中庭的緩衝

空間。同時，迪化二〇七博物館並未提供「廁所」這項基本服務。根據館方受訪時表示，由於不收參觀門票，訪客可以自由進出，但他們不希望因此讓自己的館變成觀光客、特別是團客，集體來借廁所的場域，而想維持其參觀品質。館方主張，這樣的基本服務應該由街區的觀光基礎設施來負擔。如此一來，意味著博物館假設訪客不會停留太久。三樓設有講堂空間，利於舉辦各式講座或教育活動，受限於場地不大，屬於多功能彈性使用的空間。三樓臨街的窗邊角落，規劃為由訪客自行投幣享用飲料的休閒角落，為相當精巧融合窗外街景的空間設計。另一方面，迪化二〇七博物館採取無常設展，自行策劃執行特展為主要的展示模式。相對來說，或許也是考量空間、經費與管理資源有限，務實地並未以自行購置或徵集文物的取徑來經營。

拾級向上，頂樓為迪化二〇七博物館的另一個亮點。由於該建築位於街邊角間，迪化街週邊的建築樓高天空線大致是二至三層樓。開敞的屋頂平台經過巧思彩繪與整理，且安排工作人員，積極邀請觀眾到屋頂露台，訪客得以在四樓高度，登高望遠直視淡水河畔。成片街屋、屋頂相連的紅磚瓦色景觀映入眼簾，在大樓櫛比林立的臺北市區，奢侈至極。這個邀請的貼心，彰顯出博物館想以視覺經驗感受跟周邊社區環境更為緊密對話的意圖。

但較令人惋惜的是，迪化二〇七博物館受限於空間有限，

無法提供無障礙的流通服務；考量觀眾安全，前往頂樓的門口，設置一名服務人員協助較陡樓梯的上下行走，若遇雨天因雨傘滴水等因素，有著潛藏風險。

2. 阿嬤家

　　阿嬤家的空間雖然也屬有限，但相較迪化二〇七博物館已經是相對寬敞許多。特別是有著中庭的緩衝空間，以及建築物底端的後院，都有助於讓老屋創造出有餘裕的、可以喘息的博物館場域空間。另一方面，阿嬤家值得嘉許之處，在於建築師於空間重新整理時，堅持應該在有限的空間中設置電梯。然而，傳統電梯安裝必須有垂直向的機房空間，考量該建築無法向下挖地下室，也無法在屋頂增加違建，建築師特意從國外找到機房設備較小，不影響原建築本體太多的特殊電梯設備，為傳統長型店屋如何提供無障礙環境設施的服務，增加了新的想像。

　　「阿嬤家」為三層樓的長型店屋。建築以中庭分割為前後兩進。巧妙地運用前後兩進各有獨立樓梯的設計，一樓第一進為咖啡店[56]，展示空間由第二進入場，之後展覽動線走第二進的樓梯，再折回到二樓前半部結束，從前方樓梯離開，並且將第一進從二樓往三樓的入口設為管制點，往上為博物館的行政空間。即訪客參觀的博物館展示空間，主要集中在建築物後半的一二三樓，以及建築前半二樓。

一樓第一進具有入口玄關的空間特徵，考量博物館需要有營收支撐，在門面營造出歡迎進入的氛圍。一樓前半是咖啡店。在牆面上，設計者大膽引用了紅銅的金屬質感表面，沖孔銅板相當低調地採用了慰安婦阿嬤的畫作作為主視覺元素，以這些亮眼的金屬，意圖在老屋裡，帶來較為活潑時尚的空間感，而機能性地來說，這些銅板內側都是收納空間，滿足經營者與博物館方的收納需要。同樣沖孔板的金屬切割設計，也放在一樓建築最底端的庭院空間，吸引觀眾可以走到戶外喘息，欣賞綠樹枝芽，透過光線投射在壁面公共藝術作品的視覺變化，也可以仰望周邊的空間。以建築物牆邊的小小庭院空間，成功創造出建築的視覺焦點，讓小小的店屋投射出無限大的寬敞與想像空間。

（三）街區老屋與博物館展示

　　除了前述博物館的基本服務需求的課題之外，以老屋活化為展示空間的特殊性在於，建築本身即為展示的一環。以往策展的物件展示導向，當遇到以歷史建築或古蹟等文化資產作為展示場域之際，這些實質空間硬體本身所承載的視覺與形式元素，過往的歷史軌跡都化身為史料，以不同的介面和素材創造展示模式，提供觀眾更多元的博物館經驗。除了前節如何整理老屋，以滿足博物館設施所需的基本功能外，善用老屋的建築特徵，凸顯其所蘊含的歷史元素，乃是老屋活化為博物館之際，最容易打動人心之處。而這兩處博物館均透過悉心規劃與設計，以建築空間與特

徵和展示之間縝密整合。由於每處空間具有其獨特性，難以複製照抄，這也是老屋活用的重要特性 —— 依著使用者的經營模式與設計理念，呈現完全不同的再生風貌與樣態。

1. 迪化二○七博物館

　　迪化二○七博物館建築以另外一種空間秩序來展示自身。建築物本身位於街角，有著視覺上的優勢。建築本身僅提供一進，因此參觀的動線基本上為持續向上，藉由階梯垂直串連每一層。一樓從入口玄關進入展區。二樓則為完整的展示空間，為了讓空間展示空間完整，封閉了臨街窗戶。三樓則反其道而行，沿著窗邊，創造出可以停留攬景的座位區，並且佈置為博物館休憩角落 Café 207，可以自助購買飲水或咖啡等飲品，在此稍加停留與觀景。這個窗景可以說是迪化二○七博物館的代表性景觀。三樓的另一邊為開放的大桌子，桌上放著輔助牆面攝影作品的專書或作品集。也作為停留暫歇，以及作為舉辦講座活動的彈性空間。

　　一至三樓主要將建築空間內部作為展場空間使用，開館第一檔展覽經過詳細的策展與規劃，以「無所不在的藝術：臺灣磨石子」為題，從題材和展示手法上，支持了老屋的概念，呼應了迪化街、大稻埕街區的建築歷史、材料與工法的特徵，也搭配了老屋本身的歷史：磨石子歷經臺灣老屋建造手法與技術演進，同時，這棟建築本身內部即有相當精彩的磨石子作品，經歷時代演進與考驗，

已經從原本的房屋內部裝飾，可以稱得上是環境藝術品了，藉由特展，也讓觀眾體驗這棟老屋在常民生活中所展現的建築智慧與生活美學。此外，展示內容中也提煉出迪化街沿街街屋的磨石子裝飾元素，想要跟社區更緊密連結與對話的共同感意圖更為清晰。

　　第二檔展覽為莊永明老師的火柴盒收藏展。命名為「城市縮影 ── 火柴盒」。莊永明老師在地、以及資深文史工作者的身份，這個展覽說明了迪化二〇七博物館積極跟在地社區持續而深刻對話的意圖。同時，也從這些小小的物件上的蛛絲馬跡來再現臺灣過往的歷史圖像。這個策展構想不僅緊扣在地歷史，火柴盒的小巧繽紛，呼應了迪化二〇七博物館在展示視覺上的優雅精緻走向。目前[57]同時推進的是「送禮人生」和「聽。錄音帶與你」的特展。前者整理了臺灣百年來的禮俗與送禮文化；後者充滿懷舊的物質向度再現。兩者同樣揭露在地常民生活的視覺物質文化。「在地歷史」的想像與老屋意象緊密連結。

2. 阿嬤家

　　「阿嬤家－和平與女性人權館」其展示規劃與建築的改用之間有著相當精彩的再現。其精彩來自於其善於以建築的空間特徵來處理展示設計。

　　一樓的天井中庭，區隔開了博物館展示空間的入口，透過建

築設計的手法，將空間切割成狹小的路徑，透過被壓縮的空間經驗。長長暗黑的長廊，對比於窗外的太陽，營造了某種情境氛圍引領著觀眾進入空間場域。不算長的狹窄走廊上大致僅能容一人通行，使得每位觀眾必須要跟牆面上的阿嬤照片，直接有個別的影像閱讀與空間對話經驗。這些照片某些來自於基金會舉辦活動留下的紀錄。某些來自於阿嬤們提供的檔案舊照，想敘說的是當年被帶走時，被強迫地留下了類似入營紀錄般的正面拍攝。然而，對照其他照片，某些阿嬤從早期不願意真臉示人，到後來能夠慢慢願意提供照片。這個走廊傳遞出這個歷史時光與心情的真實轉折，也經由空間擠壓的縮放經驗，鋪陳出觀眾漸次地進入體驗這些阿嬤生命經驗的情緒。

一樓後半區為主題展區，是個起始。訴說出這個展示計畫的主要敘事角度。主要可以說是從阿嬤們的生命史來陳述的，包含東南亞、中國等地區都是當時有著慰安婦被壓迫的空間場景。現場展示許多原件複製品，包含紀錄慰安婦的記錄檔案，幾處當時慰安所的歷史照片，甚至包含當時提供的保險套、肥皂等複製品。另一部份展區，則是記錄了基金會陪伴阿嬤的過程中，從整理他們個人的口述歷史，到後來的生活狀況，跟家人的相處，以及包含舉辦「阿嬤想要成為什麼職業的人」活動所留下來的個別紀錄和物件展示。

進入二樓。二樓後進空間展區為國際人權行動的紀錄。包含和東南亞地區婦女人權團體的跨國合作、國際會議共同研商集體行動，以及相互餽贈珍貴的史料紀念物等等，也透過多媒體的展示來訴說這些跨國經驗。二樓另一個重要的角落，是香港藝術家製作可以邀請參觀者一起參與的設計，寫個紀念小卡、祝福阿嬤，留下觀展心情等等。也是在這個停留的節點，路徑分成往上到閣樓可以停留駐足的小間。以及往前到二樓前方展區。

　　延續一樓進入展場的緩步梯道。二樓後進往前移動的路徑，同樣是個大致容納一人走過的狹長走廊空間，佈置著另一件凸顯展示館區精神內涵的作品：「蘆葦之歌：慰安婦阿嬤紀念空間」。這是個頭頂懸掛垂吊許多燈管束的作品，意涵著蘆葦，更是象徵阿嬤堅毅生命力的符號。在微暗的長廊中，每一個蘆葦燈管束下方，伸出手心，可以在掌中看到每一束投射出不同阿嬤的名字，用手心呵護著每位阿嬤，是這個裝置想表達的意念，透過空間元素的掌握，燈光控制，情境氛圍的掌握，再次地提醒觀眾在這個場域中所訴說的故事。

　　回到二樓前方空間為特展區與彈性多功能空間。臨窗邊兼具博物館商店性質的書區空間，也可以作為舉辦講座的彈性開放空間。因為有著臨街面長窗的充分光亮，有利於觀眾重新調整情緒，不論是觀看特展，或移動到書區角落，進一步地閱讀更多與阿嬤家

相關的故事。從阿嬤家的整體設計與展示動線佈置來看,善用建築空間結構,以動線韻律鋪陳,經營觀眾參觀過程情緒醞釀、累積的起承轉合,是老房子展示自身,同時也訴說出博物館想要傳遞的故事間的良好結合。

三、博物館與在地文化保存

前述簡要地描述兩座博物館的發展現況。大致可以挖掘出幾個目前的重要特徵:深入挖掘在地歷史資源,尋求與在地社區對話;善用老屋空間的特徵;積極連結文化與產業間的可能機會等等。

本章最初的提問植根於大稻埕的兩座博物館,其所在的多元主體位置凸顯出「後博物館」概念圖像,並且在實質環境的情境脈絡中,指認出臺灣自推動社區營造政策以來,在地的文化館所與地方營造間緊密連結的趨勢。這樣的命題與思維,從臺灣的「地方文化館」政策的發展與演進可以清楚窺見。然而,攸關地方活化與在地博物館發展兩者之間始終緊密連結的命題,似乎還沒有太多的討論。特別是本文所關注的兩座博物館都是來自於民間部門,而且有個特殊的樣態在於,這兩座博物館並非原本即在此的社區居民,而是在街區的文化經濟逐漸萌芽後,刻意選擇在此地生根經營。這樣的模式與一般我們所熟悉的社區型博物館仍是有

著某些本質性的差異。一般咸認為，社區博物館或地方文化館的角色，乃是為了傳遞在地知識，帶動地方活化，累積社區的共同記憶與公共歷史。至於在此的地方知識或社區共同記憶，則是有著清楚而默會的地理疆界範域的。例如，「大稻埕」基本上是個文化、歷史與地理範疇概念，有著社群大致認知的感受與理解，而非一個確切的定義與範圍。這兩座博物館並不是從一開始即參與或涵括在大稻埕的歷史中，反而是基於這個在地的地理與文化資本，創制自身所欲投注的博物館場域於此，並且致力於善用這些文化資本，包括建築美學的元素，以對外溝通自身所欲傳達的價值，且企圖積極連結社區的紋理與歷史價值，達到分享與共同累積社區知識、公共歷史與集體記憶的作用。

如此一來，不僅可以用哈維（David Harvey）「壟斷地租」（monopoly rent）的概念解釋何以兩座博物館選擇進駐於此，同時也連結上在地的文化經濟議題：除了歷史街道、建築立面與其街道尺度外，如果街區不是一個吸引大量人潮進來的場域，任何設置在此的公共服務無法發揮其功能。由此，這兩座博物館在提供展示體驗與教育服務之外，的確涉入了帶動街區人流活化的功能，促進了文化消費與觀光的可能性，而非僅使得其博物館功能，停留在傳統的研究、典藏、教育與展示這些面向而已。亦即，「地方」本身的文化資本與美學符號，特別是擁有哈維分析中的壟斷性的、獨特的美學優勢者，如何經由博物館文化設施的中介，來帶動地

方活化，這是臺灣當前討論街區經濟和文化消費時，較為忽略的拼圖一角。

並木誠士與中川理合著的《美術館的可能性》(2008) 針對博物館與社區營造日益被綁在一起的發展趨勢，曾經提出針貶與關切。中川理指出，日本美術館與博物館的公共性格極為強烈，其公共設施的角色明確，具強烈的公共機構與服務的特徵。近年來，由於地方文化振興的需要與政策導向，博物館再次被賦予這樣的任務——做為社區營造的核心設施 (並木誠士、中川理，2008：196)。

中川理提出的批判性觀點為：「真正對社區營造有所貢獻的美術館的新可能性，應可被發掘出來才是。……地方共同體的重振應該不是只有解決經濟問題而已，最重要的應該是能不能將地方固有文化當作是自己的文化，深愛並引以為傲，繼續保存和傳承下去。」(並木誠士、中川理，2008：224) 也就是說，博物館、美術館不應該只是被「工具化」為促進在地改變，例如成為吸引觀光客的來源，而是仍應該聚焦於其自身的教育與溝通的功能。但為了振興地方所設置的美術館，並不完全是以達成美術館教育的功能，而是被依託了許多其他的價值。他認為，期待以美術館來做為社區營造的據點設施，並未真的能夠成功地促進社區營造，反而是借用一般人對美術館的普遍認知以從事社區營造，累積了一些成果，但這些都不是美術館本身擁有的內涵，只是利用美術

館的一般印象，或可見外觀等表現罷了。換言之，只是利用一般人對美術館的印象，期待其作為一種觀光資源，具有集客力。是一種將美術館工具化的運作模式。

　　針對如此的政策趨勢樣態，中川理認為，日本的地方振興政策關注於地方經濟與文化衰退問題，但將問題歸因於經濟衰退，導致文化衰退是一種相當簡化的謬誤：地方共同體解體的嚴重才是問題本質所在（並木誠士、中川理，2008：223）。這樣的觀點與哈維的「壟斷地租」（Harvey, 王志弘中譯，2003）觀點得以接合——「壟斷地租」雖然看似促成特定地方擁有其自身的獨特文化優勢，但以市場競爭所主導資本主義的經濟體制中，必然出現的商業化發展趨勢，將反而會導致這個獨特性的崩解，危及了地方文化的保存與傳承。回應於中川理的觀點，與其將振興大稻埕街區視為這兩座博物館面臨的社區營造任務，毋寧是重新理解大稻埕街區獨有的文化資本與美學符號，如何足以吸引博物館進入街區，以博物館的組織與知識建構系統，重新組構街區的文化生成。那麼，以現況來看，這兩座博物館以其所在的大稻埕街區，其所在的老屋基地中，之於地方特定文化的共同體想像，以及文化保存傳承與地方活化的輻輳又是如何？

1. 以老屋空間的特徵，強化其自身文化資源獨特性

　　迪化街一段的建築物特徵，主要均為長形店屋，但這些博物館

要以文化設施的角色融入在地社區，究竟該採取何種姿態呢？是更為積極地展現出其自身差異？還是尋求融入周邊環境的態度？以哈維的「壟斷地租」概念來說，需要創造出自身獨特的文化差異特徵，才足以擁有更高位階的文化資本。

除了前述從博物館設置、內部空間整理和展示等手法，再現出兩座博物館均積極善用其老屋的建築與空間特徵。迪化二〇七博物館的官網標題即是：「大稻埕一棟老房子的再生」。「老屋再生」為該博物館誕生之核心價值。意圖以此老屋本身的空間故事，作為訴說臺灣在地人文歷史故事的場域。有趣的是，其外部空間的手法也很值得關注。迪化二〇七博物館以頂樓空間，讓觀眾可以俯瞰大稻埕週邊的天際線與河岸景觀的視覺聯繫，這是一個極為直接的空間視覺景觀的連結，在天空線已經大幅改變，高樓林立的臺北市區裡，這個頂樓露台所呈現的景觀，有其隱晦卻同時極為迷人的歷史特徵與線索。

至於阿嬤家的空間改造設計案，根據建築師的說明，由於該棟建築與倖存的小桃阿嬤同齡，刻意未將老屋全面翻新，而是保留歷史痕跡，在建築物改頭換面之餘，外牆留下的一磚一瓦，也牽成阿嬤家的延續意志。而阿嬤家建築物外的山牆，藉由夜間打光，浮雕出阿嬤家的字眼與蘆葦的圖案意象，低調地作為博物館的招牌，但同時也為夜間的大稻埕，點亮一盞回家的路燈。

2. 挖掘在地歷史資源：以博物館角色與在地社群積極對話

進駐大稻埕，除了珍視其老屋空間的特殊性外，兩座博物館對於挖掘老屋及其在地歷史的故事，著力甚深。迪化二○七博物館在籌備階段，即積極地收集該建築原本的屋主、其家族故事，以及和在地歷史的關聯。該建築物前身為「廣和堂藥舖」，見證了迪化街輝煌中藥發展歷史。在更為北段的阿嬤家，建築前身曾經做為壽材店、油漆行等等不同產業，娓娓訴出這條歷史街道昔日的生老病死。

阿嬤家落腳於大稻埕，固然有其組織內部的考量。但籌設於此之後，企圖尋求和在地社群的連結與對話。例如博物館舉辦在地的深入導覽，將觀眾從館內帶到大稻埕社區裡，希望觀眾能藉由博物館的教育方案計畫與觀眾服務，建立其和社區的關係。例如館方於 2017 年 7 月 22 日，在例行的女力學堂中，規劃「探索城市中的女人：大稻埕性別與空間之旅」，帶領觀眾從性別與空間的角度，參訪周邊街區中包含大稻埕女子公學校、長老教會女學堂（女子神學院）、至善堂、慈聖宮等，從城市發展、性別社會關係與社會變遷角度，看女性如何從原本的家庭照顧角色，得以經由受教育、取得知識與技能，進而進入職場與公共空間的歷史過程。這個導覽主題的設定，一方面呼應博物館意圖跟周邊社群建立連結，強化自己是社區成員一份子的角色，以及社區型博物館的公共服務能量。此外，在論述上，從本書三四章的內容即可

窺見，慰安婦阿嬤在臺灣社會變遷過程中，如何在她們青春年華時，從原本的家庭內，經由就業需要和家庭經濟需要，走到公共生活場域中。她們的一生，一路走來，也正是臺灣近代化與社會關係變遷，性別平權觀念逐步改變的過程。以及再次敘說，部分阿嬤的生命經驗，曾經和大稻埕有過交會的生命故事，論證博物館經歷漫長艱辛，何以最後選擇安居於此。

迪化二〇七博物館則是以特展來跟社區對話，例如前述指出的第一檔磨石子特展，第二檔的莊永明老師火柴盒收集展。都可以看到積極與在地社區對話的企圖。而 2018 年的門窗特展，除了呼應迪化二〇七博物館本身是老屋，對於門窗構建的細緻情感與用心，同樣引入了許多大稻埕在地的元素展件。例如，一入展場的驚喜，即是霞海城隍廟昔日的廟門。精緻的作工，昔日匠師的高超技藝，民俗傳統、信仰和藝術，在迪化二〇七博物館中，清楚地訴說著在地昔日的精彩。[58]

回到中川理的觀察與論點，越來越多博物館扮演了地方產業活化與社區營造的角色。由當前這兩座博物館所策劃的展覽與教育活動來觀察，其積極投身於社區整體活化再生的發展趨勢，是極為一致而顯著的。換言之，博物館意圖吸引更多的觀眾拜訪，這和街區經濟振興期待消費者拜訪，或是觀光客進來消費的目標是一致的。不過，博物館希望藉由展覽和教育活動，可以邀請觀

眾更為深入地認識在地歷史與文化，避免只是對街區進行掠奪式的符號消費的意圖，兩座博物館或許扮演了一定程度的緩衝空間角色。但是否能在社區營造過程中扮演什麼角色，似乎還需要更長時間的觀察。

3. 創造連結文化與產業間的機會

兩座博物館在原有的長型店屋建築物的活化改造過程中，經由歷史資源、文化符號和空間故事，建構出自身獨特的壟斷地租價值，成功將自身轉化為得以被觀看和消費的對象。亦即，為了要邀請觀眾進來博物館，博物館需將自身轉化為被凝視的對象，吸引遊客的關注。然而，應該轉化成什麼樣的空間場域呢？事實上，融入大稻埕街區被期待與想像的歷史地點，以博物館作為一種重新想像與認識在地歷史的機制，這兩座博物館在既有的歷史資源基礎上，均各自發揮出了以博物館自身定位所開創的「差異空間」。迪化二〇七博物館將重心置於「老屋」這個實質空間想像的前提下，來訴說所謂的在地歷史。阿嬤家則是聚焦於從慰安婦生命經驗所開展的性別平權課題。博物館無法獨立於整體社會脈絡而存在。依附於大稻埕開港所象徵的臺北開發歷史，以及從臺北都市開發之於臺灣近代史的變遷，這兩座博物館與大稻埕地區其他的古蹟、博物館與歷史建築，共同織出更為綿密而精緻的歷史網絡，讓大稻埕街區從原本的商業輻輳之地，轉化為文化觀光的空間場域，原本逐漸朝向創意產業發展的營業空間，因著這股朝向文化

轉向的空間與產業轉型，有助於在地文化經濟發展，取得更為豐富的資源，使得文化產業、文化觀光和在地活化之間，得以更有機的結合。

四、街區博物館：走出國族主義

後博物館的理論概念與論述中，一方面強調博物館已經不再是現代主義與國族主義期待下的知識權威，也不是國家機器統合內部意識形態差異的有力武器。而是必須與社會變動緊密連結，動態牽繫的有機體。對博物館發展的歷史考掘中可以清楚看到，隱含了原本的博物館設置，乃是從國家的、中央集權式的文化資源配置，甚至是從殖民統治與文化支配中演變而來。歷史性地來看，在許多國家與地區中，中央政府的控制力量強大，得以將博物館納入教育體系中，成為意識形態國家機器的一環，透過常態性與年度預算編列，穩定的人員編制，來持續地深化與完善這些控制。然而，這樣的大敘事型態隨著民主化發展的力量，已經逐漸讓位給在地的地方文化論述主體。臺灣社會自 1994 年起，在文化政策上首重「社區營造」。社區營造長期推動下來累積各個地方的文化能量，已經得以將在地文化特色重新凝聚，且可以經由文化觀光與文化經濟的取徑，轉化為帶動地方活化再生的能量。這其中，「博物館」被視為扮演推動文化觀光與經濟的重要機構

性力量，以及地方活化再生的樞紐性角色。特別是企圖倚重博物館的概念與方法，邀請訪客進入大稻埕街區，透過專人的導覽解說，讓遊客不再只是走馬觀花一般，僅是率意地消費，而能夠在貼近在地的過程中，更為知識性地認識大稻埕。

　　繼阿嬤家與迪化二〇七博物館，大稻埕街區出現了第三組與博物館生產有關的論述，即是由臺北城市散步團隊於 2017 年 9 月所規劃的「大稻埕博物館－走進大稻埕的房子，與他們的生活」活動。憂心於大稻埕街區的豐富文化歷史，會在這一波波過於商業化的觀光熱潮中受到威脅。在地文化工作者搭配世界古蹟日的氛圍，於 2017 年提出「大稻埕博物館」的規劃方案，串連、邀請大稻埕街區內的許多店家，以「open house」的模式，讓訪客可以進入許多平日鮮少開放的宅院或店家，讓訪客入內參觀，更深入地認識在地歷史。也搭配許多在地店家的優惠活動，創造在地消費。

　　從兩座博物館的誕生，到「大稻埕博物館」活動論述的出現，甚至是「臺北市政府城市博物館聚落群」政策主張的出現，街區與博物館論述之間的緊密連結，一方面論證了博物館熱潮的浮現，以及一種對於歷史失憶恐慌的集體潛意識。另一方面，說明了城市經濟朝向文化轉向，企圖透過壟斷地租的概念，亦即地區的文化資本，作為建構文化觀光資源條件的發展意圖。更進一

步地，這樣的發展想像雖然是衍生自民間社會的動能，而非來自於公共政策的預算與規劃。但公共政策也很快地積極回應。易言之，「博物館」作為文化治理中的重要環節與組織性力量，在大稻埕街區的發展軌跡中，已經打開其運作的空間，得以成為地方上文化力量協商的場域所在。舉例而言，臺北市政府提出的城市博物館規劃，從原本計畫要蓋實體博物館，到推動生態博物館、城市博物館聚落，一直到現在，逐步成為以臺北市數個聚落節點所發展出來的城市博物館論述，某個程度可以視為對大稻埕街區近年來，以文化引導都市再生趨勢的具體政策回應，以及和民間能量所形構的文化空間地景的對話。由此，本章從這兩座博物館的出現，循著後博物館概念的問題疑旨，提出六個向度的評述，作為階段性的觀察[59]。

1. 博物館的知識體系有助於多元文化主體的揭露

　　從後博物館的理論角度來說，如何突破單一觀點的知識與展示，達成多元文化的揭露，為該理論概念關注的核心。本章聚焦的這兩座博物館均意圖處理相對較為邊緣與弱勢的主題。從揭顯邊緣視角觀點，以及少數主體的聲音的面向來說，這兩座博物館的出現，的確是回應了胡珀－葛琳希爾「後博物館」的概念主張，提出了足以對應於後現代主義的多元主體的社會真實情境。

2.「阿嬤家」再現邊緣弱勢的受害主體記憶，以空間場景將歷史議題公共化

　　如同後殖民女性主義批判的重要發問：「臣屬能發言嗎？」(Can the subaltern speak?) (Spivak, 1988) 一般，以慰安婦歷史與女性人權的主題博物館選擇在大稻埕落腳，一方面固然呼應了這裡是臺灣最早與資本主義接觸的貿易港口，是近代化城市生活的起點之一。這群慰安婦阿嬤中，許多人的生命經驗被迫成為慰安婦，可能都是初次走出家庭，前往職場、進入城市公共空間與生活中的女性。而現代性的快速擴張，殖民現代性的發展鋪陳在大稻埕的街區景觀與建築立面上，這些是臺北都市開發歷程中，點滴累積在街區的歷史場景。博物館在此設立，不僅邀請觀眾進入博物館，也透過街區導覽的方式，試圖串聯起女性在大稻埕生活的軌跡，凸顯該館設置目標為彰顯女性處境與訴求性別平權的價值；更積極促成博物館與在地社區的緊密連結。這個透過導覽將博物館的故事向外訴說，不僅只是將博物館服務連結上在地社區，共同訴說在地故事，也在這個過程中，將大稻埕的歷史場景與都市空間價值「公共化」。這個拓展博物館空間場域的過程，從阿嬤家的經營模式來看，在聯結在地故事與社群的歷史價值層次上，顯然是透過在地資源間的相互整合，以揭露著邊緣社群的生命經驗，來對抗過去大型公立博物館中，以國族（家）歷史觀點為主的大敘事。

3. 迪化二〇七博物館致力於以其博物館文化定位，創造自身的展示視覺美學

　　迪化二〇七博物館自設置以降，即清楚地定位自身以「展示老房子」，關心在地發展歷史為設置的目標。因此，考量其自身空間較小，不設定擁有自身的典藏品，而是以老屋建築本身作為與觀眾溝通的根本。透過經常性地換展與主題策展，透過舉辦講座，經營臉書等社交媒體，出版《老屋創生25帖》的專書等等，直接和觀眾對話，傳達該博物館對老屋建築的喜愛，以及老屋建築歷史所連結的臺灣本土在地歷史與物件發展軌跡。例如從開幕第一檔推出的展覽是磨石子特展，從大稻埕街區商業發展過程中，許多建築目前仍舊保有的磨石子地板圖案，更收集臺灣各地具有豐富特色的磨石子地板圖案等等。

　　在這個博物館的案例中，透過展示物件來呈現臺灣在地物質文明的變遷軌跡。例如火柴盒展、錄音帶、黑膠唱片、門窗展、幻燈片、磁盤與油紙傘等舊器物修整等等。這凸顯出胡珀－葛琳希爾強調的，博物館說故事、講歷史的方式，乃是透過一種視覺文化的再現。這個本質性的差異，得以在迪化二〇七博物館團隊的策展與物件收集過程中，以視覺美學來訴說本土歷史。

4. 博物館如何作為一個帶動與促進社會改變的觸媒
　　對博物館領域工作者來說，如何以博物館為觸媒，回應社

會變遷，呼應社會需求，乃是專業者對博物館的深切期待與自我期許。置放在大稻埕街區的情境來說，由於這幾年來快速的商業化擴張，致使其原本的街道與歷史紋理，面臨極大危機，這也是在地街區居民最為憂心的課題。因此，是否能運用博物館的存在，以及博物館的社會溝通和對話的功能，一方面作為節制當前大稻埕過於文化商品化的速食消費導向，提供進入街區的大量訪客，有機會更深入地認識在地的歷史文化樣貌。

換言之，相較於物件導向的博物館想像，前述在地社區文化工作者規劃的「大稻埕博物館」活動，企盼藉由深化溝通與在地文化論述的文化消費模式，顯然是更能夠觸動保存在地價值的社群期待。在此，博物館的誕生以及其概念的浮現，乃是為了回應在地對自身所處情境與歷史文化價值的保存與抵抗，而非僅僅作為社區營造表面功夫施政業績而存在。

回到前述中川理的提醒與發問，地方博物館的功能與角色扮演，不再只是為了與社區營造或地方再生的功能性導向需要掛鉤，而是能夠充分展現出以在地為主體的地方溝通價值。在這個視覺展現的溝通過程中，大稻埕街區中老屋建築與街道景觀的保存與活用，顯然是構成了傳遞在地建築美學的重要元素，而為博物館的概念主張，為大稻埕都市保存拉出另一個向度的物質文化。

5. 以博物館作為抵抗遺忘、保存集體記憶的機制

胡珊（Huyssen）認為，我們處身的「博物館熱潮」中，反映了對記憶消逝的恐慌。然而，在大稻埕的街區中，人們所憂心會消逝的是什麼樣的歷史與記憶？人們積極想要藉由博物館所彰顯和保存的，又是從誰的觀點關注的歷史呢？較為簡化地來看，大稻埕以其開港一百多年來的歷程，結構出當前以南北貨和中藥批發為主的街道市井景觀。在地居民憂心於過多的文創與零售業的移入，甚至可能是下一階段的連鎖企業進駐，足以威脅這些百年品牌的延續與生存。也就是產業地景的橫向斷裂，以及可能因此影響在地景觀與社會網絡。這樣的動能促使在地文史工作者渴望以「博物館」做為一種介入在地文化保存的方法。然而，若是將這樣的集體憂心與焦慮放大空間尺度，從整個大臺北發展的歷程來說，是否可以透過大稻埕街區的經驗，重新檢視「博物館熱潮」論述所反映出來集體潛意識，並以此反身性地思考臺北城市發展經驗與文化保存的意涵？

6. 後博物館學：在地傳統與國族主義的文化抵抗

最後，回到「後博物館」概念中最關注，在博物館建構與生產過程中，所謂的國族國家大敘事與在地小傳統之間對抗的課題。也就是說，後博物館學挪用了從現代主義轉向後現代主義的理論內涵，即在於反對有著普同化的、定於一尊的，壟斷性的支配價值，而期許在博物館專業領域中，也能看到不同社會主體的

多元差異本質，尊重不同主體的文化多樣性。由此觀之，以中央政府、國族主義國家為想像的博物館，已經面臨著其論述生產與正當性危機。轉向來說，強調在地多樣的地方型博物館，一方面承載著各地不同的差異，也記錄著不同社群主體的歷史與文化。這些小型博物館即使在預算和人力規模上相對較為弱勢，但在多元文化價值的傳遞與溝通層次上，卻能夠傳遞和繁衍出更多的能量，而足以成為對抗單一文化支配性的重要空間場域。

相對於本章關注的社區型博物館尺度，應該可以再區分出一個中介的層次，也就是相對於國族國家層次，以其公務預算所支撐的國家／公立博物館，下一個階層為地方政府的博物館。地方政府設置的博物館，相對於中央政府，也可以稱得上是地方型博物館，然而，這兩個層級的公有博物館，經常都可能是單一文化論述及其支配性的來源。例如前述關注臺北市的博物館論述中，企圖以城市博物館作為帶動地方經濟活化再生，建立起城市自明性，甚至是以此作為回應地區選民意見的文化治理舉措。這兩者之間，固然可以視為一種從中央到地方的文化治理樣態，甚至是一種從地方到中央的文化自主論述的抵抗能量。然而，更真實地來看，以區域地方尺度，如同本文所探討的大稻埕街區，以民間團體、私人部門，以及整合地方資源的博物館行動，毋寧是一種更為清晰的在地發聲，以及主體性更為明確的抵抗論述。

綜言之，中川理所提醒的，在日本的博物館生態中，由於大量地以設置公立博物館來達成公共服務，強化公共性機能的文化治理模式，使得這些博物館必然要背負著將地方振興、社區營造和博物館美術館的功能綁在一起的政策壓力。但從大稻埕出現的這兩座博物館來看，這樣的命題框架似乎被民間部門的力量所穿透，成為真正能夠抵抗官方敘事的能量。以博物館的設置將空間場域「公共化」，透過公共化的過程，將地方議題與價值重新訴諸討論與對話，顯然，民間所設置的博物館更能掙脫官方文化治理的限制，足以成為一種對抗性文化的力量。而這應該是後博物館學的概念在文化抵抗向度上，最具有啓發與解放性能量所在。也是本章意圖以兩座博物館所開發出來的文化抵抗與對話空間，來思辯大稻埕街區的都市保存所面臨的危機，與可能的轉化意涵。

[55] 本文寫作與編輯期間，阿嬤家博物館經營單位婦援會宣告，以多年不堪虧損等因素，將於 2020 年末，博物館現址建物租約到期後，不再續約，阿嬤家將走入歷史。此訊息公開後，引發多方關注，阿嬤家雖然於 2020 年 11 月閉館。但透過公眾募資方式，再次匯聚群體能量，在附近的承德路電梯大樓中尋得搬遷新址，據悉最快於 2021 年 6 月重新開幕。依據之前參與阿嬤家建置的團隊成員指出，他們原本希望可以保留舊址的相關裝置與設計，但這些曾經深深感動人心的展示與佈置作品，都遭到無情拆除，不得復見，相當令人惋惜。

[56] 但一樓的使用型態以及該館的營運開放時間等細節，於本書寫作出版期間，也產生了變化。例如以經費人力有限為由，後期減少每週開館日數。而原本在此營運的連鎖咖啡店也離開。

[57] 本書主要的寫作時間階段 2018 年的特展。

[58] 這個展件本身相當精彩。提醒觀眾大稻埕霞海城隍廟的香火鼎盛與歷史風華。當然，對部分觀眾來說，可能也會引發的疑慮是，為何這個展件事從廟裡搬過來，而不是在廟所在地展示？

[59] 柯文哲市長大幅調整原本郝龍斌市長任內的「臺北市城市博物館」設置計畫，將原本的硬體建設方案喊停，改為提出以軟體計畫為重的臺北城市博物館群落方案。換言之，博物館論述和大稻埕地區發展的關聯，特別是進入柯市長第二任期，其團隊更積極地推動這個政策方案，也引發各種議論，值得持續關注。

孫仁鍵　繪
2002.5.5 台北大稻埕

尾韻

第七章

一、想要說什麼呢？

　　一開始起心動念想要寫這本書，的確是來自於這些年來對大稻埕的一路觀察，想要為這個城市發展過程的某個時間斷面，留下一點階段性的記憶。然而，看著這個區域一路加速度地、超乎預期的轉速，在難以追逐的失速中，又似乎有某種可以預料的、不難想像的、來自其他城市發展經驗套路的劇本，而且，這些既有版本的劇情通常是令人不快與憂慮的。然而，憂慮著什麼呢？這些看似批判的研究視角，究竟設想著何種預期？美人遲暮，想留住青春的尾巴，或者是曾經的容顏。如同趁著年輕拍下寫真集一般，「寫書」是為了紀念一切已經不再？與其說要留下曾經，或許，更想做的是紀錄這個總是不堪寂寞的城市發展腳步中，每個踩踏過程中，可能有些什麼人，在想些什麼事，但醞釀著什麼即將發生，或終將逝去？與其說我感受到因為城市發展腳步過於快速，而憂心於有什麼即將消逝的危機，不如說，我意識到的是，有更多人渴望在迪化街、大稻埕街區，找到自己跟這個城市的連結或認同所在。換言之，這個焦慮於什麼即將消逝的想像，默默地論證著：「有人在乎。」那麼，是誰？在乎著什麼？或者說，書寫，即是為了留住每個當下。那些還在發生的，讓它繼續超速旋轉。但有些想說的，想留念的，想以此來詮釋歷史和記憶的片段，是保留給作者的特權，而從書卷中逐次開展來。

第一章裡，概述了臺北市 1980 年代以降，城市發展與文化治理的每個階段中，未曾缺席的「大稻埕」，如何在不同的歷史時刻，面對著各種城市議題。從面臨道路拓寬的 1988 年「我愛迪化街」保存運動；1994 年，首次民選市長陳水扁上任後，1996 年開始舉辦的年貨大街；面對民間積極推動的街區保存聲音，逐漸從都市計畫政策工具凝結出「大稻埕歷史風貌特定專用區」與容積移轉等舉措推行。從 2000 年左右面臨全球化與產業重構的街區發展停滯；進入 2010 年後，官方推動的「都市再生」論述，挾著臺灣累積超過二十年的社區營造與街區活化經驗，融合大稻埕的歷史街區風貌，融匯為「文化引導都市再生」的 URS 模式，不僅創造出獨特的臺北經驗，也使得大稻埕從 1890 年開港以來的歷史風華，轉譯成為「再現」臺北文化記憶的最佳空間場域。

　　這裡還有個不經意的，或是刻意隱去，或者意圖揭露的是，何以「大稻埕」會默默地代換為「臺北」文化記憶？也就是說，誰可以來說大稻埕的歷史與文化記憶？是誰在觀看、紀錄與詮釋這些歷史？如果將這個「誰」先以「我」來代稱的話，那麼，大稻埕的故事，真的是我的城市嗎？在何種意義上可以稱為「我的」？是我的觀點？我的經驗？我的詮釋？我的朋友？我的寫作？我的生活記憶？

　　因此，這本書即試著要不斷地引入各種不同的觀點與視角

來詮釋大稻埕的發展歷史，以及說故事的角度。例如，從第二章開始，以1988年的「我愛迪化街保存運動」再詮釋開始，試著分別從商家與居民的角度，其他市民或專業者的觀點，保存運動推動者，媒體報導與外國使節等等的聲音，回顧這一段過往看似有著矛盾對立的情感動員過程，專業者如何拓展體制的力量，使得臺灣在都市計畫專業和文化資產保存的路徑上，又再往前推進。

第三到第四章，則是意圖從女性生命經驗，及其與臺灣進入資本主義全球體系的歷史時刻，女性進入生產領域成為有薪勞動者或是家庭中的自僱工作者，所牽動的性別社會關係與城市空間變遷的精彩動態。

第五章和第六章，分別從文化政策的視角來觀察大稻埕近年來的變化。這裡隱含的觀點是，官方積極的政策介入，是引導大稻埕空間與產業變遷的關鍵力量。第五章以文創產業視角切入，探討在地長期被視為展現傳統飲食文化的商業活動，如何掌握機會轉型為文創或是創意產業，邀請年輕創業者進駐的街區。一如歷史上的每個不同時期，大稻埕以其場所精神，吸引著各地想要冒險和開創的企業家停留、深耕而從此根著。想像著未來持續的根著，大稻埕成為永遠年輕的老街區。

第六章則是從兩座新興誕生的博物館來說故事。事實上，

隨著臺北市政府新的文化政策，大稻埕不僅被設定為臺北市觀光行銷的焦點，也是推動臺北「城市博物館」的文化聚落，持續地孕育著各種文化據點或博物館等館所的誕生與轉型。但第六章刻意地將視角停在阿嬤家和迪化二〇七博物館，乃是想凸顯民間社會龐大動能，如何在文化治理的政策想像裡，走出自己的發展路徑，且提供著更多值得期待的想像，不論是性別價值的、人權思維的、在地故事、文化歷史認同與情感動員的層次，讓大稻埕豐富與美好的力量得以維繫。

　　然而，在這末尾，我還想分享一段可能快被遺忘的故事。關於 URS。一個充滿理想與想像力的政策。可能是安靜地隱藏著自己，直至記憶消散，或是曲終人不散？但這些歷史和都市裡的曾經，總會讓某些殘留，成為我們理解與想像都市變遷的某種切面？

二、為你留下記憶／URS

（一）你們的城市記憶

　　URS 全名為「都市再生前進基地」(urban regeneration stations, URS= Yours)。以 "yours"「你們的」為諧音。這個諧音是為了凸顯城市是「你們的」，「大家的」，不應該只是落在

少數優勢群體手上，特別是房地產的開發商手上。

在臺灣，關於都市發展與文化保存的課題，我們同時面臨兩大怪獸。其一，因為房地產價格高，基於期待獲利的緣故，大多數人會選擇將年代久遠的老房子拆掉，改建成為高樓大廈，這使得都市裡幾乎沒有留下任何歷史的痕跡。其次，則是在心態上，受到「現代化」價值的影響：人們會認為老房子是破爛，陳舊與落後的象徵，不珍視歷史價值，認為住在鋼筋水泥的現代建築盒子裡，才是社會進步與好生活的象徵。受到這兩股因素的影響，不僅一般市民這樣思考，政府的政策也不重視城市的歷史文化保存課題。許多時刻，公部門要指定特定建築物為古蹟時，經常會受到建築物所有權人的強力反彈，甚至在指定前夕，由屋主自行拆除，或是遭不明原因放火燒掉等事件。因此，在臺灣，大部份的城市景觀與建築形式幾乎都是「現代化」的樣貌了。都市空間中，很難得留下什麼過去的痕跡。有的僅是少數獨棟的，被指定或登錄的文化資產，單獨地矗立著，而與周邊環境景觀相當不搭。或者有極少數的建築群，主要是整條歷史街區，也是經過多方努力才能夠留下來。其中，臺北市的迪化街就是其中一個少數留下來的歷史街區，記錄了臺北市過去街道的歷史樣貌。

臺北市的城市開發歷史從清朝開始，迄今大約一百三十年。日本統治期間，臺灣進入了現代化階段。二次戰後，臺灣經

歷了戰後重建與都市現代化的發展，因此，進入 1990 年代後，這些鋼筋水泥建築所營造出來的城市建設，普遍面臨了都市老化的問題，「都市更新」(urban renewal) 成為臺灣仿效美國都市所進行的都市改造政策。然而，「都市更新」往往是以一種「創造性的摧毀」(creative destruction)，將舊的都市紋理破壞殆盡，僅僅讓開發商獲利，大幅改變都市景觀，也讓原本的鄰里關係消失。加上由於政府相關法令程序複雜，許多地區為了進行都市更新，因為程序上的拖延動輒十餘年，也引發許多批評。總之，都市更新在臺灣推動不力的種種因素，使得政府部門開始思考其他的可能選項，也開始仿效其他國家，改為推動「都市再生」(urban regeneration) 的政策，特別是以「文化引導都市再生」(cultural-led urban regeneration) 的政策，成為臺灣近年來，重要的都市文化保存 (urban cultural conservation) 政策之一。

　　簡言之，臺灣的都市發展除了面臨都市老化，基礎設施與都市服務品質不佳之外，如何讓居民了解，以都市歷史保存來彰顯都市文化特色，創造城市魅力，與都市生活品質提升等都市發展的課題，彼此之間並非相互衝突與矛盾，是都市再生政策能否取得市民支持與認同的關鍵。URS 計劃成為取得民眾支持的重要方案之一。這個計劃的規劃與推動，如同針灸術一般，為這些老房子引入有趣的經營方案，舉辦各種活動，邀請市民參與和體驗，讓市民可以體會到這些老屋的魅力，連帶地讓比較沒落的地區，

帶來人潮與消費活動；如此一來，不僅促成這些地區的活絡，也能讓市民改變觀念，認同老房子存在的價值，都市空間的活化與品質的提升，並非只有拆掉老房子，改成新建物這個單一作法。

因此，回到 URS 所欲傳遞的價值 —— 既然城市是大家的，則城市的歷史與記憶也應該是大家所共同分享，一起守護，而非輕易地放棄這個權利。這個政策可以理解為臺北市政府意圖改變過去較為連根拔除、抹去在地歷史記憶的都市更新政策模式的嘗試。也因此，臺北市城市發展起點之一的大稻埕，成為推動這個都市政策的重要空間舞台。

這個政策的主要執行方式，第一步是由政府從閒置的公有建築物或是透過優惠方案，鼓勵民間提供閒置的建築空間，特別是位於老舊市區的閒置建築物。其次，則是視情況決定是否需要進行建築物的簡單修繕，由官方負責修築的經費。第三個步驟，則是規劃這些據點主要的使用方向，鼓勵或邀請民間單位進駐，包含非營利的民間團體、大學、或是創意產業和設計公司，都是邀請的對象。進駐單位負責經營空間的使用。使用方向則以作為年輕人創業的育成中心，或規劃舉辦各類文化活動，供社會大眾參加。除了提供建築物的維修經費之外，市政府也提供這些進駐團體短期的營運費用。由於政府提供的基本營運費用補貼，減緩了這些經營團隊的獲利壓力。如此一來，誘發這些進駐團體可以以

創新開放的方式，提出各種不同的活化空間運用方案。不僅可作為這些進駐團體自己的工作地點，或年輕創意工作者的育成空間，更因為這些來自不同專業領域的年輕創意工作者共同使用這些空間，像是包含了工業設計、平面設計、服裝設計、建築空間設計、藝術家、影像工作者、雜誌編輯、網站設計與軟體開發、社區工作者等等，他們彼此之間就可能激發出有趣的火花。

　　策略上來說，這些都市再生基地所在位置非常關鍵。通常會選擇在臺北市的舊市區，藉由引進創意工作者的創新思維，作為帶動周邊活化樞紐 —— 由於臺北市的舊市區通常意味著工作機會較少，年輕族群較少，產業發展較為疲弱。在這些舊市區設置 URS 基地，創意工作者進駐不僅創造實質工作機會，帶動周邊產業鏈的活絡；同時也帶進很多年輕人，改變社區周邊的氛圍。除了作為創意工作者的育成中心，依照委託經營的合約，這些 URS 基地需要規劃許多文化活動，例如藝術展覽、座談會、講座、工作坊或小型表演等等，開放供市民參加。藉著參加活動的人群進入這些老社區，特別是這些老社區若有商業活動，帶進消費人群之外，讓老社區的人重新想像，老房子並不一定要拆掉，也可以發揮其特殊魅力。讓都市文化保存成為另一種都市再生的策略。

　　以軟體經營方式強化社區居民參與，想像其居住環境可能的變化。以引入產業和各種文化活動來活絡地區。換言之，不再

如同傳統的都市更新，往往是引入地產資本，以拆除、增建大量體的高聳建築，造成周邊環境景觀的視覺衝突之餘，大量移入的新住民從本質上改變了在地社區的特性與居民組成。這種掠奪性的都市更新，通常意味著對原本社區生活的破壞。

　　臺北市政府都市更新處於 2010 年 5 月提出完整的「都市再生前進基地計劃」。在這個政策正式提出之前，曾經以位於中華路上的 89-6 初試啼聲，與忠泰建築文化藝術基金會合作試辦。之後以迪化街一段的 127 號開始，邀請淡江大學建築系執行這些政策想像，就此展開了 URS 命名系列，在全臺北市陸續地設置了這些再生基地。全盛時期，全臺北市有十一處再生基地[60]。最早除名的是 89-6，後來即由忠泰建設收回，執行原本的開發計劃；URS13 南港瓶蓋工廠，2011 年 10 月列名，但 2013 年 6 月即從再生基地裡除名，連同周邊基地執行特定區開發計劃；知名度與受歡迎程度最高的是 URS21，自 2011 年 9 月起，經歷三年的營運後，於 2014 年 9 月交還給國有財產局[61]。除了這三處之外，其他八處 URS 陸續被納入，最晚列名的是迪化街北街的稻舍，於 2014 年底加入。

　　在這八處的 URS 基地中，五處位在大稻埕地區。大稻埕是臺北市沿淡水河岸、最早對外開港通商的區域，也是臺北市目前街道與建築歷史風貌保存較為完整的地區。這些 URS 基地的進駐，從實質空間的層次來說，或許意涵了臺北市舊市區活化再生的重

我城故事：大稻埕街區生活書寫

要性與急切性；但從都市發展的歷史來說，大稻埕街區充分展現了城市歷史風貌與文化意義的抽象層次價值。

圖 七.1 URS 基地概況表

基地名稱	期間	經營團隊	取得方式	產權與基地大小㎡	原有用途	基地任務
URS127 設計公店 玩藝工場 知識客廳	2010.5（淡江） 2013.11 2019.4	淡江大學建築系 蔚龍藝術有限公司 大稻埕地方創生公司	容積移轉	臺北市政府 450 ㎡	零售商店 民宅	零售商店 民宅 設計引動生產產業進駐迪化街 藉著藝術來結合街區的傳統產業
URS44 大稻埕故事工坊	2011.5 2019.4	臺灣歷史資源學會 URS 退場	容積移轉	臺北市政府 524.83 ㎡	零售商店	延續迪化街的歷史脈絡資料庫
URS27 華山大草原	2011.6 2018.7	都市更新處 URS 退場	台鐵、國產局簽借用合約	鐵路局、國產局 19726 ㎡	民宅	提供市民開放綠地與戶外活動空間
URS21 中山創意基地	2011.9- 2014.9	忠泰文化基金會 URS 退場	與國產局簽借用合約 國家住都中心使用	國有財產局 4150 ㎡ 含周邊土地 8081 ㎡	貨運站	區域創意平台與青年創業育成中心
URS13 南港瓶蓋工廠	2011.10- 2013.6	都市更新處 URS 退場	與國產局簽借用合約	國有財產局 16000 ㎡	公賣局南港瓶蓋廠	提供南港周邊社區休閒與展演空間

URS89-6 Urban Core	2011.9- 2012.3	忠泰文化 基金會	忠泰建設 提供使用	忠泰建設	忠泰建設 都更土地	忠泰建設 都更土地 創作實驗 場域，國 內外藝術 創作平台
URS155	2012.6 迄今	希嘉文化 有限公司	容積移轉	臺北市政府 336 ㎡	雜糧、中藥 貿易店屋	烹煮食材 與創意
URS27W	2012.9 迄今	義美電子 商務公司 蔣渭水文 化基金會	容積移轉	臺北市政府 185 ㎡	茶行	延續以媒 體帶動城 市與文化 運動
URS27M 郊山友台	2012. 2019.1	文化大學 校友總會 URS 退場	與自來水 處簽約借 用	臺北自來水 事業處 660 ㎡	自來水處 處長官邸	兼具生態、 歷史、藝 術與教育 之基地
URS23 天母白屋	2014.12 2018.6	智邦藝術 基金會 URS 退場	都更處 2014 年與 台銀簽約 代管五年	臺灣銀行 140.95 ㎡ 含周邊土地 4287.5 ㎡	美軍駐台 軍官住宅	2012 年開 始籌備 臺北市市 定古蹟 社區藝術 展演空間
URS329 稻舍	2014.12 迄今	首命創意 有限公司	容積移轉	臺北市政府 297.5 ㎡	百年米行	促進迪化 街北段傳 統產業活 化再生

資料來源：本研究整理。惟資料時間為 2019 年底，截至本書出版前已經又產生許多變動。

　　然而，自從 2014 年底柯文哲擔任臺北市長，都市更新處首長更迭後，這個計畫受到的關注程度逐漸下降，各個 URS 基地從低度發展到陸續退場。柯文哲第二任市長連任後，2019 年迄今三處 URS 退場。目前，只剩下幾處位於大稻埕的 URS 仍繼續運作著[62]。從大稻埕說起的故事，看來也該在這裡好好面對我們的集體記憶？

（二）已經過去卻想留下的故事

　　從位於大稻埕的五個基地來看，可以歸納出幾個重要特性。2010 年 5 月，臺北市政府最早推出的再生基地 URS127 即位在此處，最年輕的 URS329 也在這個區域，成立時間為 2014 年 12 月，距離該政策起始，中間相隔將近五年，其間約莫以每年新增一處再生基地的速度推動這個計劃，可以從中觀察與比較這個計劃在大稻埕區域中的歷時性變貌；這五個基地都是透過容積移轉方式捐贈給臺北市政府，讓市政府可以全盤地掌握這些基地的活用方案，有利於都市再生政策整體的規劃與執行。這些作為再生基地建築物的共同特徵，都是臺灣傳統的閩南式店屋，為二至三樓的紅磚洋樓。

　　URS 基地的設置歷史，可以歸納為三個階段。第一個草創階段，關注於議題創造。亦即，凸顯都市再生議題的公共性價值，強調讓空間開放公眾使用，邀請社會大眾一起參與都市再生與文化保存的討論。第二階段轉向推動創新創意的交流平台：由於這是個老社區，邀請年輕人參與進來，不僅希望帶入年輕活力與創造力，也希望借重年輕人的創意，創造出新的就業機會，活化當地經濟活動。第三階段可以說是成熟階段。經由各團隊持續努力的耕耘，越來越多人關注到大稻埕近年來的發展與轉變。許多訪客湧入，活化了當地原本的經濟活動。各團隊持續舉辦的各項文

化與體驗活動，在地社區的各種議題開發，還在不斷對話發展。

　　URS127，從一開始較為實驗性地，由淡江大學建築系以其空間設計專長，負責該店屋空間的經營。事實上，具備「前店後住」特徵的閩南傳統長型店屋，其原始設計概念即建築前方是店面，中間為天井，後方是店主一家的居住空間。這種以特定家族經營商業活動與日常家庭空間需求的空間，要變成提供社會大眾的公共空間，例如舉辦講座、規劃展覽等等，有先天的空間限制。但也正是因為這種傳統的商業生活空間，除了大稻埕一帶，臺北市其他地區幾乎已不存，這種較為獨特的居住空間經驗，對大多數市民來說，成為一個很好的空間體驗機會。

　　初始階段，URS127 命名為「大稻埕設計公店」，是為了強調這個空間從原本的私人店屋，轉化為開放的、提供給大眾使用、非營利的公共空間。這種強調公共性的價值，在隨後第二年成立的 URS44 也看得到。URS44 由長期推動歷史保存的民間團體「歷史資源經理學會」負責營運。該組織主要負責人即是 1988 年發起「我愛迪化街」保存運動的丘如華老師。這個基地取名「大稻埕故事工坊」即強調該基地以收集、累積、傳播與分享大稻埕在地的歷史與故事為主要任務，不僅積極透過講座、工作坊、導覽等各種活動，讓更多人認識在地的故事與歷史；另一方面，也從守護社區的角度，持續關注與倡議各種社區需求與問題的解決方

案，致力於促進大稻埕的歷史保存工作，充分延續了三十多年來，丘如華老師一貫堅持的理想與價值。

　　2011年可以算是URS計劃的衝刺期。這一年，除了URS44，另有四個基地啟動，分別是URS27、URS21、URS13和URS89-6。這四個基地除了URS27是提供市民休閒活動的綠地外，另三處均有積極的開發計劃。透過公私部門的協力，主要是開發商所支持的忠泰建築文化藝術基金會參與，以其擅長的建築美學與設計為基礎，在URS21、URS89-6兩個基地，分別推動國內外藝術家創作、藝術家駐村，引入大型國際展覽，設計師的創意交流，建構為充滿創新氛圍的青年創業工作者的育成平台等。這段期間，引入了國際知名的建築團隊MVRDV到臺灣舉辦建築展；和日本合作，引進日本代謝派建築大展，邀請國際建築師庫哈斯到臺灣演講；2012年獲得普利茲克建築獎的中國建築師王澍，也受邀在此舉辦展覽。加上臺北市政府邀請主張創意城市的Charles Landry擔任市政顧問，於2012年2月、6月與10月三度來臺北，協助推動臺北市邁向創意城市的計劃。這些熱鬧的國際交流不僅為臺北走向「創意城市」定調，表現出市政府官方企圖營造出鼓勵創新與創意，協助年輕世代創業的政策企圖；讓URS基地從原本的非營利取向、強調公共與開放性，逐漸走向鼓勵年輕世代的創業，以及創意工作者的育成與交流平台。

受到這樣的趨勢發展影響，2012 年 6 月，URS155 開張，即命名為「創作分享圈」。其定位有兩個方向，呼應臺北市政府政策，建構出一個年輕世代創新創意的創作交流平台；另一方面，進駐 URS155 的工作者認為，這樣的創意交流平台乃是立基於大稻埕豐厚的歷史文化養分，為了讓進來參與分享的創作者更認識大稻埕的歷史與文化，建立起跟周邊鄰居的友善關係，他們提出 cooking/ eating together 的行動策略：大稻埕迪化街為臺灣南北貨與高級食材批發交易的重鎮，經營團隊透過各種活動的規劃，例如舉辦迪化街季節美食食材的導覽活動邀請市民參加，活動結束後一起用當地當季的食材和食譜，一起烹調，共同用餐。這不僅是共同分享用餐歡愉的時刻，也回饋到當地的商業活動，讓周邊鄰居感受到年輕人積極參與社區的意圖，達成多重的效果。

　　約略於同一個時間開張的 URS27W，則訴說另外一個不同的故事。該基地建築物原本為百年茶行。緊鄰著臺灣重要的歷史地點：日治時期積極推動抵抗日本殖民統治的蔣渭水醫師主持的大安醫院；蔣渭水不僅推動政治反對運動，更主張應從文化下手，成立臺灣文化協會，推動臺灣的新文化運動，在醫院旁邊開設「文化書店」，成立《臺灣民報》也是第一份臺灣人的報紙。這個據點後來被製餅的義美商店購置。義美企業傳承至今，感念這份歷史，因此義美集團下的億美影音聯電公司邀請蔣渭水文化基金會共同合作，經營這個據點。主要的經營方針以義美集團在大稻埕

長期累積的飲食文化為基礎，一方面持續傳遞在地歷史與文化，影音公司以其影像製作強項，作為影像攝製等軟體開發的豐富素材。亦即，從在地歷史文化出發，讓社會大眾更認識在地歷史之餘，積極開發在地新的創新創業機會。

　　URS 計劃雖然在 2012 年到 2014 年穩定發展，但對街區的擾動已經悄悄產生化學變化。根據統計，大稻埕街區在 2014-5 一年間，新增了至少 40 家店。這三年內新開了將近七十家店。大稻埕歷史風貌特定區內有 370 家申請容積移轉。星巴克、Evernote 等跨國企業進駐至此。從 2010 開始進駐大稻埕的世代文化公司，旗下也陸續有三十多家文創商店在此開張。在這四五年間，大稻埕從原本淡水河畔的老街區，販售較為傳統的茶葉、中藥材、南北貨與高級食材和布市等產業，逐漸轉型為年輕人最喜歡的文創聚落。從淡水河開港以來，大稻埕地區就是臺北市商業活動興盛之處，雖然一度看似沒落，但經過 URS 基地等計劃的發酵，街區逐漸浮現原本商業活絡的氛圍，只是產業類型從傳統的批發業，逐漸轉型往創意產業與文化觀光業。在這樣的背景下，最新的 URS329 基地可以說是以「都市再生前進基地」作為商業經營的策略，善用在地的文化歷史資源，藉此以文創產業販售在地歷史符號作為獲利模式，擴及周邊的影視內容產業。值得注意的是，挪用這個經營策略的乃是在地家族的後代，立基於家族對在地發展歷史的熟稔與深厚情感認同，是產業經營的策略，也是一種回饋在地發

展的態度。

URS329 的經營團隊原本包含葉晉發公司與青睞影視產業。這兩組團隊都是大稻埕長大葉氏的後人。葉家是五代以大稻埕為基地的米商，但因稻米產業批發的沒落，年輕後代均在外奮鬥打拼事業。看到大稻埕的滄桑變化，電影導演葉天倫及其青睞影視產業，積極展開以大稻埕為場景的電影與電視節目拍攝。葉守倫以家族的米業出發，購置 329 號當時另一位米商的店屋，命名為「稻舍」，將其改造為以稻米文化為主軸的多元文化空間，不僅展示稻米文化、販售臺灣優質好米，積極開發以米和臺灣在地農產品為食材的餐飲消費。同時租借場地舉辦各類講座，展覽與表演等文化活動。事實上，該經營集團在大稻埕北街擁有多處店面，「稻舍」為街區亮點與樞紐，聯結了周邊多處文創商品之販售、展示、開發與餐飲空間。該團隊的經營模式可謂將 URS 基地的價值發揮極致。但「稻舍」這個商業據點後來由首爺創意公司專責營運。而原本因為拍片而受到關注的「葉晉發商號」老宅，則另外改造設置了米糧桁，未再納入 URS 基地系列中。

三、URS vs. 大稻埕

與其想要找各種指標，來思辨一個政策是否「成功」，而

建立起薄弱或不可考或無法驗證的因果連結；或許不如試著想像，這個政策留下了什麼，或造成了什麼樣的影響或改變？

　　許多 URS 的相關研究，多關注於 URS 進駐大稻埕地區後，是否成功地產生各種「效應」，即較著眼於大稻埕商業活動的活絡程度，或討論所謂文創產業的移入，對當地傳統產業可能的衝擊與影響。雖然較難以具體量化的調查數據，或是難以有值得信賴的指標，來論證 URS 計劃「成功」與否。唯一比較可以從市場經濟角度觀察的，是關於周邊房地產與租金價格的變化。然而，這個部分也受到臺灣整體房地產市場與經濟景氣等因素牽動，較難有完整推論。但經驗上來看，大稻埕地區不斷有新增店家進駐開幕，人潮持續湧向，在地居民感受到街區的變化也是不爭的事實。最近甚至出現了大稻埕地方創生公司的成立，以更為組織性的、積極而彈性的策略，主動爭取地區建築物的活化利用，甚至是以民間募資的模式，企圖從街區建築景觀入手，協助老舊建物的整建維護。URS 的政策雖然已經看似完成其被設定的階段性任務，重新帶動大稻埕地區的繁華與熱潮。但究竟曾經創造或留下了什麼呢？

（一）大稻埕的空間優勢
　　大稻埕的迪化街為臺北市區內，少數保留相當完整日治時期的街道尺度與建築立面。周邊街廓如延平北路、涼州街、歸綏

街等等，均仍維持當時的道路路幅寬度。相較於當今臺北市區街道尺度，亦即所謂的「現代化」城市尺度來看，或許會認為這裡的街道過於狹窄壅塞，顯得過氣與落後。但也正是因為這樣的空間尺度，不僅是相當友善的徒步空間，讓訪客在此停留閒逛，對於沿街面的商店而言，是相當有利於吸引顧客走近的；街道尺度搭配平均二至三層樓高的紅磚洋樓店屋，同樣有利於人們貼近欣賞建築的立面與各個裝飾的細節；安步當車、避免車子的噪音氣味，創造慢活的氛圍，與這裡的歷史情調相當益彰，滿足體驗經濟的美學感受。

因緣際會地，這條街道沒有在臺北市1970年代快速現代化的腳步中被摧毀。雖然經商家一再陳情，希望能拓寬以追趕上現代化城市的意象，並在1988年首次引發臺灣為搶救老街而群眾集結的社會運動，讓這條街道維持了原本的樣貌。今天來看，或者已經成功地說服了大部份的市民，歷史街道的保存並非代表著跟不上時代，甚至現在看起來，還可以說是一個承載了城市故事與市民記憶的豐富寶庫，是年輕世代很想要來探究過去歷史的場所。

換言之，欲透過「文化」引導都市活化再生，商業活動能存活，吸引遊客走進來歷史城區，藉由消費行為滿足在地商家的經濟活動需求，是說服在地居民願意維持原本空間形態與生活方式的重要因素之一。

（二）文化是好生意？商業即是文化？

　　文化創意產業的產業模式與生產方式在全球蔓延。臺灣也不例外。透過將有形與無形文化資產，轉化為可供販售的商品與服務，以提供就業機會，創造產值，並得以讓傳統文化得以被認識、轉化與延續，大致為文創產業運作的核心思維。然而，許多時刻，批判性的觀點質疑文化作為資本主義社會謀取利潤的工作，被工具化而抹除了文化的深刻本質。這個問題在大稻埕街區中，呈現出相當有趣的現象：大稻埕過往即為臺北市開發初期的港口貿易與商業重鎮，一直走在時代的前端，與國際資本主義市場接軌，隨時帶進最新的商品、知識與觀念進入臺灣，也持續吸引全臺灣、甚至國際的逐夢者移民來到這裡來。換言之，不斷地移入、定居，累積成為在地文化的一部分。商業文化是這裡最珍貴的資產。因此，新移入的文創產業，也跟之前來此築夢的商人一樣，期望藉由這個商埠販售他們的創意與心血結晶。先不論文化創意產業本來就是善用文化的加值應用，挪用大稻埕歷史風華，來創造商品與服務以獲取利潤，乃是在地創意產業相當誘人的內在靈魂。但刻意地，強調要以迪化街 1920 年代的歷史景貌定格，作為創意產業「復興」的主題，忽略了文化是一直隨著時間而變動繁衍的真實，可能反而是本質化了在地文化的內涵與價值。落入了臺灣之前古蹟保存多以停格的時間，凍結式的，要將建築物保存在某個歷史時間點做法的窠臼。只會讓人覺得那些過時的古董，沒有人想要靠近。年輕世代對於這些也完全沒有認同，只想丟棄。

（三）社區守護導向的都市保育觀點

　　大稻埕為臺北較早開發的地區，街道空間尺度維持較為人性尺度友善。但仍有部分地段面臨建築較為老舊，開放空間綠地系統，停車與消防防災等都市基礎設施服務不足等現況問題。換言之，在拆除舊的、全盤更新，以及保存活用歷史建築兩端之間，仍是有許多都市公共生活的基礎服務設施問題，是進入舊街區必須要照顧到的課題。大稻埕的 URS 也扮演了這種守護社區的角色，以引導一種都市保育 (urban conservation) 的觀點來對應傳統的都市更新觀點。例如，URS44 舉辦過許多社區居民的工作坊後發現，由於該地區是商業街，店面大都是七點打烊。到了晚上，街道相對較暗，對夜歸者顯得較不友善，容易產生安全上的疑慮。此外，是否要為了帶動地區活化，而引進如夜店這樣的消費模式呢？或者應該以在地居民的生活品質優先？最後，居民發起邀請商家在騎樓為夜歸者留一盞燈的活動，攜手改善自身居住品質，URS 基地提供了一種守護社區的都市保育觀點，補充了都市再生關切地在地生活環境品質的課題。

（四）批發零售業？文化觀光還是創意產業？

　　迪化街為傳統中藥材、茶葉與南北貨的集散批發據點。此處的商業活動以批發為主，零售比例低。但創意產業進入這個街區後，原本以服務批發商為主的經營模式，改為要經營個別的消費者，除了服務對象，購買數量等商業模式產生變化外，另一個重要的

改變是，這個地方從過去單純是相關產業的目的性／大量採買者，現在增加許多遊逛的、休閒遊憩的「觀光客」。換言之，這個街區雖然因創意產業和各類文化活動，讓拜訪的客人變多而活化，但也有居民和商家認為，太多的「觀光客」反而干擾了他們的批發生意，兩者之間產生緊張與矛盾。

　　這樣的矛盾並非只是單純的產業變化而已，而是點出了臺灣的都市文化保存經驗中非常根本的問題：一個地方的文化值得保存是因為從建築、街道等空間環境，到生活方式的內容的整體都具有獨特價值；僅保存建築硬體，缺乏跟這個古蹟有關的周圍歷史脈絡與內容，是臺灣過去古蹟保存實務上很大的缺失，經過多年的倡議與努力，現在已經逐步地改善。但實質上應該怎麼處理，似乎還有很大的討論空間。換言之，迪化街歷史街區雖然有著優美的建築立面與保存完整的街道景觀，但構成其文化價值的，乃是來自於大稻埕開港以來，臺灣的茶葉、稻米大宗輸出，以及南北貨、中藥材進出口貿易的歷史因素，讓臺灣得以經由國際貿易，進入世界舞台。為臺灣的貿易商帶來財富，也創造了迪化街與洋樓建築的榮景。雖然幾經更迭，產業自然地出現了變化，那麼，要如何進行大稻埕的歷史文化保存呢？

　　這樣的矛盾大致可以從兩個方式來思考。其一，以保存建築硬體優先，讓社會大眾可以體會歷史建築空間與街道之美。但對建築

內部如何使用，則尊重所有權人的意願，公共政策不做過多地介入。這個方案的好處在於，避免與私人產權之間的過度緊張，尊重產業的自然演進。第二種方向，則是主張迪化街這些傳統商業，已經發展出其獨特的商業文化價值，也有相應完整的周邊產業體系，應該更著力於軟體的經營與保存。例如從藥材販售中藥藥膳、食補等服務，背後蘊含傳統草藥與飲食的哲學，不容小覷。永樂市場布業周邊，從服裝定製周邊產業鏈，裁縫手藝，戲服定製與租借，一直到現在相當風行的ＤＩＹ風潮，以及文創產業工作者的創意設計，或是臺北市政府商業處設置的 T-Fashion 基地等等。如果要朝向這個方向努力，則大稻埕新近浮現的創意產業不僅是善用當地的歷史材料來說故事，設計相關的商品販售，或以這些文化內容來提供服務，更應該思考如何透過創意產業內容的開發，促成這些傳統產業及其商業文化，能夠持續活絡發展。

　　許多相關研究指出，經由臺北市政府的 URS 計劃，以及大稻埕近五年的產業變化，已經造成周邊的房地產與租金價格上漲。政府以政策引導年輕人進入歷史街區，一方面鼓勵創意，善用這裡的歷史文化資源，也希望藉由年輕人帶來產業就業機會，吸引人群到老街區裡。看似對年輕人是友善的政策。但當租金上漲時，這些年輕人是否能獲益？還是只是以其創意和創業精神為老街帶來活力，但卻只讓年輕人陷入房租重擔，無法掙脫。

以 URS 作為一個都市再生的策略，經由設置基地，引入經營團隊，包含規劃文化藝術活動，協助年輕團隊的創業育成，引入年輕人與創意，帶來就業機會，讓大稻埕在地文化歷史元素能夠因為活潑的創意、文化與和商業活動引入而更被社會大眾了解，也更認識大稻埕的城市發展歷史。對在地社區來說，這個基地喚起居民對自身周邊環境議題的關心與投入，感受到老房子與歷史街區有其值得珍視的價值，是一般現代化的高樓大廈完全無法取代的。

　　臺灣從漢人開發迄今將近四百年的歷史，但目前留下來的歷史建築，大多是從清朝統治時所建，年代最多約兩百年左右。許多歷史建築與文化資產的保存，一旦遇到都市開發衝突時，經常有論者主張，這些建築的歷史相當短，稱不上具有什麼悠久歷史與保存價值。如何從都市再生的角度來思考歷史街區的都市保育課題呢？社群歷史的價值並非以經歷的時間長度為唯一判準。URS 基地雖然以都市再生為焦點，但在其運作的過程中，挪用在地的歷史與文化資源，讓社會大眾與社區居民重新想像其在地的文化價值；更重要的是，為老社區邀請年輕人開發創業，讓老社區活化，也讓年輕世代更貼近自己的文化。經由外來之眼，誘使在地居民在擔憂社區是否會大幅質變之際，思考什麼是值得用心維護的共同資產。最後，除了前述提到，創意產業的進駐，與在地原本產業之間的消長與互補關係，的確是目前應該持續關注的

課題，特別是在此地逐步浮現的創意街區與創意經濟體系，都是當前都市政策的熱門議題。而經由容積移轉，立面管制等機制，加上時段性徒步區，周邊設置停車場等都市管理策略，維持大稻埕地區的文化地景，則應該是當前更具時間壓力的保存課題了。

四、我城，是嗎。

回到「我城」這個論題。這個書寫過程的確是為了回應，關於個體對城市歷史想像與認同的課題。或者說，作者觀察到這些年，大稻埕熱鬧非凡，背後或深層的動能來自於我們渴望且期待著某種對在地的認同。一種想對自己居住之地的情感回應。這個認同的投射渴求著某種具有歷史縱深的，是具有故事與想像的，能提供時空想像的場景，以使這個認同能在時間河流中找到定著支點。因此，大稻埕歷史建築構成的街道與立面，正好滿足了這個充滿鄉愁的想像，也讓許多關於臺北身世的故事，得以訴說，且取得時空場景的正當性。我們過往對於臺灣主體性的疑慮不安，透過這個可以被一再重複訴說的，關於臺北、大稻埕、淡水河、港口、進入全球體系等等各種取材角度的故事版本，或許暫時找到了得以心靈安置之所。並且由此滋長出，對於城市發展歷程的想像、理解與詮釋。

當然，認同不僅表現在視覺、聽覺，也在嗅覺與味覺。大稻埕的場景不僅是歷史街道與建築立面的視覺化體驗。人聲鼎沸的市井喧囂，是再鮮活不過的聲景。走過南北貨和中藥鋪的嗅覺現場，一處處新開的餐飲店面，補充了味覺的體驗與滿足。這個尋覓對城市認同，也就正是一個體驗經濟與符號美學作用的過程。

　　本質地來說，我們都可以自在地提出自身對周邊環境的文化詮釋與歷史理解。這是個個別化主體的體驗過程，以及自主宣稱。然而，當這個以個人愉悅為出發的宣稱，轉化為一種集體式的、理所當然的想像時，那個「我城」的想像，是否依然存在或成立？或者，應該如何面對這個個體與集體之間的經驗與訴說的斷裂？特別是當這樣的中介可能面臨著各種政策與公權力重新訴求於資源分派的主張和權力關係作用時，這個場域中的各個主體與作用者，能夠做的是什麼？

　　「臺灣」正在一個不斷地訴說、且意圖建構具集體性想像的自身認同的歷史時刻。這個過程的政治性意涵在於，安置了個別主體的認同，也在於不斷地挑戰集體認同的邊界何在。我城，是美好且浪漫的想像。同時也質疑了「我們」何在？我們對城市的期待何在。

都市保育 (urban conservation)

　　所謂的「都市保育」乃是挪用「生態保育」的概念，相較於以往推動都市歷史保存，多將其視為靜態的建築與營建環境，採取僵固而凍結式的保存與修復態度。引入生態保育視角則是將都市空間中的建築、空間或地景視為自有其生命週期的環境有機體。相較早期台灣模仿美國都市規劃取徑的「都市更新」(urban renewal)模式，採取拆除新建、「除舊佈新」的掠奪式都市發展思考，都市保育觀點的倡議，則是針對我們認為具有歷史價值的建築與空間環境，在既有建築已經喪失或改變其使用用途與功能後，基於延長其建築與硬體空間生命力，提出新的使用功能與模式，從修護而非拆除重建的方式介入，一方面維持都市景觀的歷史風貌與整體性與協調感，強化建築與空間環境的持續使用功能，也創造新的經濟功能與價值。換言之，都市保育觀點強調硬體建築與空間環境乃是在軟體的、日常生活內容面向，重新找尋歷史性建築與環境的價值，與近年來所使用的「都市再生」、「都市軟性主義」等概念，在價值上是完全一致的：不以拆除重建，盲目追求新建為美，而是從城市與市民生活的過往軌跡和記憶，尋求開創城市競爭與文化特色優勢的價值與態度。

[60] 最初資料曾將 89-6 列入，但現在的資料通常指稱 URS 共有十處，並未計入 89-6。

[61] 現址目前改為內政部國家住宅及都市更新中心。

[62] 然而，柯文哲第二任期開始後，關於 URS 政策何去何從？是否即將走入歷史等傳聞始終不斷。但臺北市政府官方並未清楚闡述相關議題。經過多方折衝，目前在政策方向上，已經從原本的都市更新政策轉向，搭配柯市長「大稻埕城市博物館」的想法，這些據點改為由文化局接手管理。URS 原本設定的都市空間活化政策角色已然改變，但相關課題後續仍值得持續關切。

附錄一　反身性與專家系統

　　這個專家系統的運作狀態,使人不得不聯想到社會學家紀登斯(紀登斯,趙旭東、方文中譯,2005)所提出,足以解釋現代性社會獨特動力品質的三項重要因素。第一個關鍵因素為「時空分離」。因為時間與空間成為抽象性的概念,時空之間的關係成為一種辯證過程,有著結構化的社會情境,也可能存在許多形式的生活時間。其次,則是社會制度的抽離化。支撐這個抽離化的抽象系統機制有兩種類型,分別是符號標誌和專家系統。前者指的是社會交換的媒介,其有著社會可以彼此理解或相互交換的標準價值 —— 貨幣即為最明顯的符號交換媒介。而專家系統則透過專業知識的調度,對時空加以分類,在現代性的條件下,這些專家系統無孔不入,滲透到社會生活的所有面向,例如飲食、藥物、居住與交通等等。不僅限於專門的技術知識領域,這個專家系統同時也擴展至社會關係與自我的親密關係上(紀登斯,趙旭東、方文中譯,2005:44-47)。

　　「該做什麼?如何行動?成為誰?對於生活在晚期現代性場景中的每個人,都是核心的問題,在任何程度上,無論是話語性的還是通過日常的社會行為,他們都是我們所要回答的問題。」(紀登斯,趙旭東、方文中譯,2005:114)。「信任」乃是我們在現代化情境中生活的必備條件,與特定的情境、個人或體系相關的

信任態度，與個體和群體的心理安全感直接相聯繫。在現代性的條件下，信任和安全、風險和危險以種種具有歷史獨特性的方式相互並存。我們能做出信任別人的決定，則是來自於現代性包含的第三個基本因素，即現代性的內在反身性。

現代性本質上是一種後傳統秩序。時空轉型伴隨著抽離化機制，驅使社會生活脫離固有的規則或實踐的控制。這乃是反身性存在的背景，也是促動現代化的第三個重要影響因素。現代性的反思性指的是，多數社會活動以及人與自然現實關係，乃是依據新的知識資訊而對之做出的階段性修正的敏感性。現代社會的全球化趨向，使得遠距離的社會事件和社會關係得以與地方性場景交織在一起（紀登斯，趙旭東、方文中譯，2005：48-51）。以這個時代發展特徵來說，時間與空間兩者的斷裂抽離，加上抽離化機制的運作，個體面臨著跟現代性制度之間不斷的協商。例如，選擇對於其他抽象系統的全然信任，或是抱持著懷疑與敵對的態度。個體既無法對這些抽象系統持有完全盲目的信任，但也無法保證能夠充分掌握技能與知識的體系。這說明了抽象符號與專家系統的脆弱，以及現代「風險社會」的存在樣態。

人類經驗是具傳遞性的，透過語言的交換與社會化來傳遞經驗。語言和記憶在個人回憶與集體經驗的制度化這兩個面向乃是具有內在關聯的。在高度現代性的條件下，自我認同和全球化中

的轉型,是在地與全球的辯證的兩端。亦即,個人生活與社會之間,透過地方性和國家組織的聯結紐帶建立關聯,但由於高度現代性所導入的時空延伸過於寬廣,自我和社會之間的連結關係,已經擴張到全球化的時空分離狀態了。這個將個人透過日常生活經驗連結到地方社會,國家組織,以至於擴大到全球尺度的時空連結狀態,固然是讓個別主體處在一個高度變異的、充滿風險的不確定性生存狀態中,但也正是因為現代性的反身性已經延伸到自我的核心狀態中。相較於過去的歷史情境,我們也許面臨前所未有龐大的不確定性與風險,但「自我」的存在也成為一個反身性計畫。個體在傳統文化中慣常使用的生命禮儀來儀式化其經驗的傳遞,但不斷變化、充滿各種挑戰的風險社會,個體得以不斷地面臨反身性的挑戰(紀登斯,趙旭東、方文中譯,2005:62-63)。

附錄二　後博物館

　　辯證「博物館」的定義、概念、及其價值變遷,固然是博物館學研究的核心課題。但究其關鍵仍在於博物館價值與其所在社會相應的動態關係變化,及其所建構的知識體系,之於整體社會的意涵為何。博物館實踐高度地受社會力量的影響,也反映社會 (Mancino, 2015: 258)。舉例來說,學者鄧肯 (Carol Duncan)

提出「博物館為一個文明儀式化 (Civilizing Rituals) 所在」的宣稱，為討論博物館與社會互動的重要論點 (Duncan, 1995，王雅各中譯，1998)。這個觀點的論述基礎在於一個現代性的假想：人們習於到博物館內參觀，關切觀眾的行為與其文化消費模式，或著迷於其建築宏偉壯麗的神聖意涵；著眼於蘊藏著豐富、且象徵崇高美學的藏品及其藝術價值，或以其作為特定社群文化認同溝通的場域。經由進入博物館內參觀，達致一種文明化的儀式作用。在崇高神聖美學與一般大眾文化間產生聯結。這使得西方世界國家在十九世紀末期之前，都有至少一個值得誇耀的公共美術館，挪用羅浮宮的公共博物館模式，讓美術館與博物館成為政治上具有美德政體的符碼 (Duncan, 1995，王雅各中譯，1998：43)。

班奈特 (Tony Bennett) 挪用傅柯 (Michel Foucault) 的理論視角，以知識史的批判來剖析這個機構的誕生，及其之於文化治理的關鍵性作用。對「博物館的誕生」進行歷時性的分析，成為檢視知識系譜與權力論述的重要美學政治議題 (Bennett, 1995)。

整體來說，自 1960 年代後，以物件為展示重點、由國家權力主導，隱含著「國族國家」(nation state) 想像共同體建構的博物館經營取徑模式，已然面臨各方挑戰，而衍生出不同的理論反思觀點。這個理論發展與思辨的軌跡，與後現代主義概念強調的多元主體，顛覆與批判單一權威等價值若合符節，是一個思考範型

的移轉，拓展了實踐的模式，也揭示了不同的研究方法論，更甚而是挑戰了原本的理論與博物館傳統 (Duclos, 1994: 1)。有研究者歸納指出，自 1990 年迄今，全球歷史及文化類的國家級博物館，有三股重要的發展趨勢：1. 多元族群與文化成為主流價值觀；2. 展覽內容注重一般民眾之文化、歷史及生活；3. 試圖開啟民眾參與及對話（江明珊，2018: 38）。另有國內研究者針對「現代博物館」、「新博物館學」、「生態博物館」、「無牆博物館」與「後博物館」等幾個不同的概念加以闡述與比較，進而主張「後博物館」概念對於當前社會強調地方實踐／社區博物館的啟發，以及每個在地個案獨特性不可取代之價值（陳佳利，2004；廖世璋，2014，2016）。

胡珀－葛琳希爾提出「後博物館」(post-museum) 概念乃是相對於「現代博物館」(modern museum) 而來 (Hooper-Greenhill, 2000: 8)。胡珀－葛琳希爾在《博物館與知識形塑》(Museum andthe Shaping of Knowledge)(Hooper-Greenhill, 1992) 書中，將歷史上「博物館」概念與類型的發展區分出不同的範疇，視其為形塑知識之不同模式的空間場域。到了 2000 年，胡珀－葛琳希爾以《博物館與視覺文化詮釋》(Museums and the Interpretation of Visual Culture) (Hooper-Greenhill, 2000) 一書提出「後博物館」的概念主張，乃是著眼於當前社會的知識形成過程已經改變：博物館從十九世紀以降，自視為傳遞知識之殿堂的觀點也出現變

化。「後博物館」的「後」對應的是後現代主義的理論意涵。亦即，相較於「現代主義」概念中，知識概念的穩定、定於一尊、理性且單一價值的狀態，「後現代主義」概念中關注主體的多樣性，強調知識生產的建構性過程，以及後結構主義概念下，不同社會群體之間對於知識的詮釋，與知識權力關係等課題的高度關注，已經使博物館從身為一個具有啟蒙理想，扮演傳遞知識與教育價值的機構，產生了內在意涵與價值的本質性轉變。然而，當前的博物館機構是否清楚地意識到自身的本質性變化，及其所面臨的危機呢？

　　胡珀－葛琳希爾於 2000 年提出「後博物館」的概念時，她認為這個多元權力主體的狀態與趨勢仍在持續發展中 (Hooper-Greenhill, 2000: 22)，尚難有個定見與論斷。她透過幾座博物館的個案經驗研究，試圖從文化政治視角，透過博物館的物件與展示，拼湊出多元主體與權力論述如何藉由博物館來生產意義，及分析這個意義生產過程的複雜性。但從該書出版迄今又將近二十年了，時至今日，我們是否已經有條件可以宣稱，後現代主義理論概念下的後博物館，及其意義生產過程的複雜性，已經可以被清楚地分析出來？

　　「博物館」向來被視為是一個傳遞知識的教育場所。「新博物館學」(new museology) 可被視為 1980 年代以降，在文化與社會

學門批判理論發展中的一環，即共同關注於「再現」(representation) 的權力課題 —— 意義的生產可以由誰，以及為誰所宣稱，且具有宣稱的正當性與代表性？為了回應這樣的批判性思維，也帶動博物館朝向更為具有反身性的發展 (MacDonald, 2006: 3)，胡珀－葛琳希爾主張，更應該突顯出博物館同時也是個辨識視覺文化所在的價值場域：這個傳遞知識的所在場域乃是以「展示」作為核心的溝通模式，展示本身即涉及了視覺文化的理解與溝通。換言之，知識的生產與傳遞已經不如十九世紀那般線性而單向。要能夠解析出伴隨著知識生產而來的權力運作關係，這意味著「展示」乃是不容忽視的論述戰場。

胡珀－葛琳希爾自言受到傅柯的理論概念影響甚鉅。從之前《博物館與知識形塑》書中即已提出，其所承之核心論點，環繞著在於何種主體性及其所產生之權力關係作用，如何牽動著論述的生產與知識形成的歷程。自命為傳遞知識之教育場域的博物館，深刻繫於這個知識生產過程與社會溝通的角色中。特別是從十九世紀後浮現的「現代性」價值，伴隨著工業化與都市化的社會變遷趨勢，加以國族國家與帝國主義的擴張，及其賴以依附的資本主義生產方式，對擴張全球市場的急切渴求。故以博物館作為教育場域所在，對內而言，一方面滿足於培育人才，提高人力素質的資本主義國族國家需要，馴訓與教化「國民」；同時建構出神聖知識與文化殿堂，烘托其國族國家的文化與知識優越性，支撐其

統治的意識形態價值；另一方面，對外則足以作為拓展帝國版圖的文化象徵符號。「博物館」的生成與存在，在這兩組關係中，前者以現代性的啓蒙理性為依歸，後者，則是以一體兩面之「文明化的任務」，作為帝國擴張或取得殖民正當性的托辭。

傅柯以「差異地點」(heterotopia)的概念來描述博物館(Foucault, 1984)。此觀點不僅欲凸顯再現與差異的課題，更想挑戰歷史概念的非全面性，亦即當代歷史詮釋的破碎與不連續性的真實，博物館內再現與敘事的片斷化，特別是在特定空間中，意圖串連起時間軸向度的敘事，以期陳述完整歷史 (total history) 乃是從十九世紀以降，環繞著這些差異地點的根本性矛盾 (Lord, 2006)。

深受傅柯理論觀點的影響，胡珀－葛琳希爾更著力於反思文化研究理論概念的困境。依據雷蒙・威廉斯 (Raymond Williams) 提出四個層次對文化概念的定義，第一種對文化的概念指的是一種智識、精神與美學發展的過程。對文化的第二種用法，指稱在智識層次，特別藝術方面活動的產出；第三，則是特定群體在特定時期的生活方式。至於第四種，則強調一種表意系統，經由這個系統，該社會秩序得以相互溝通、體驗，被探索與再生產。毫無疑問地，文化的概念乃是隨著歷史演進而異。重要的是，威廉斯對文化概念的分析中，一方面指涉為特定的藝術生產產物，另一方面則是強調文化可以經營學習、教化而得。換言之，不同社會

所產生的產物，代表其文化，也象徵其文化內涵。那麼，可以經由何種機制或作用來促成這個文化的學習與教養過程？胡珀－葛琳希爾除了主張可以從「博物館」來探討文化教養與知識傳遞的社會過程之外，更強調其物質向度的意涵。這正是威廉斯討論文化的第四種用法的重要價值，也是「文化研究」領域關注的核心：雖然透過表意系統來討論文化，看似關切於抽象的價值與意涵層面，但這其中仍涉及了物質層次的課題。不只是特定社會中的藝術文化生產，或者特定群體的生活方式而已，文化乃是一組物質實踐，意義、價值與主體性在這個過程中得以形構，而這一切均攸關於體制與制度的面向 (Hooper-Greenhill, 2000: 11-2)。胡珀－葛琳希爾不僅從博物館機構來關切文化生產與特定社會的關係，她特別指出，在文化研究的場域中，既有的討論已經陷入純粹高調的、外在於一切的理論討論姿態，不願意面對真實社會的文化政治。更重要的是，也無法因應真實社會所需要的，藉由理論研究與分析來誘發改變的動能。對於一個博物館學研究與教學者來說，這個真實的困境是必須從文化研究中找到理論的啟發 (Hooper-Greenhill, 2000: xi)，以期能更進一步地挖掘出帶動改變的論述與分析力量，以走出文化研究的限制。

從文化研究場域的唯物論傾向出發，胡珀－葛琳希爾提出、且致力於發展「後博物館」概念，乃是觀察到「博物館」這個伴隨現代化而浮現的機構，已經無法如同過去一般，將自身視為傳遞

知識與唯一真理所在。當後現代主義論點關注多元主體與社會分化的權力作用，取代了單一主體、穩固的社會秩序與單向的權力運作關係之際，博物館自然無法抽離於此。博物館機構不僅應致力於挖掘自身應扮演的角色，思索其應傳遞的知識為何，更必須醒覺於自身在社會變遷中扮演的角色。甚至，意識到博物館需要扮演的是促進與帶動社會變動的觸媒性力量。她提出「視覺文化」(visual culture)作為核心概念，乃是著眼於「博物館」是以「展示」來提供教育與學習內容，「展示」為博物館的靈魂，是一種物質向度的視覺文化表現。但許多「博物館」仍是以過去的「展品」做為教育展示的主軸，忽略了過去的典藏政策可能與主流的、政治統治或國族國家政權的意識形態緊密聯結，是一種過時的、依附於主流統治權威的展示意識形態；提出「視覺文化」的理論概念作為一種分析工具，意圖引導對博物館展示更為豐富多元的想像與討論空間。

「典藏」為博物館的核心，是一個物質文明的展現。但展品並非靜靜訴說自己的故事，而是必須透過策展的詮釋過程。因知識的認知與學習，意義的生產乃是鑲嵌於所處的脈絡中，觀眾所看到、所辨明、所理解或詮釋的經驗，由其自身的知識背景所結構。如同傅柯提出「凝視」(gaze) 的概念，即是意指以觀看來知悉事物的經驗過程，以這個概念來質疑可見與不可見，可言說與不可言說之間的界線 (Hooper-Greenhill, 2000: 49)。

致謝

　　本書的完成首要感謝長時間以來，多位受訪者與提供各種資訊朋友的慷慨分享。孫仁鍵建築師提供其多年前於大稻埕的寫生畫作，為本書增色不少。研究助理謝慧靜小姐於長期田野調查、資料收集與整理等過程中，持續提供各項支持與協助，為本書完成不可或缺的重大助力。

本書第五章與第六章部分內容，曾刊登於：

殷寶寧（2016），創意街區、飲食文化與都市再生：臺北市大稻埕迪化街美食地景與文創轉向，文資學報，10：28-65。

殷寶寧（2018），後博物館、街區活化與老屋再生：臺北市大稻埕街區個案研究。現代美術學報，36：25-56。

在此一併說明。

參考文獻

卜鳳奎，1994，〈大稻埕南北貨個別訪問錄〉。《臺北文獻》直字 110：11—13。

王志弘（譯），2003，〈地租的藝術：全球化、壟斷與文化的商品化〉。《城市與設計》，15/16：1—19。(Harvey, David,2002)

———，2003，〈臺北市文化治理的性質與轉變〉，1967-2002。《台灣社會研究季刊》，52，121-186。

王佳煌，2010，〈文化／創意產業、創意階級／城市論著的批判性檢視〉。《思與言》，48（1）：131—190。

王俐容，2005，〈文化政策中的經濟論述：從菁英文化到文化經濟〉。《文化研究》，1：169—195。

古宜靈、廖淑容，2004，〈文化產業政策發展的趨勢與問題〉。《都市與計劃》，31（2）：91—111。

朱元鴻，2000，〈因繁榮而即將作廢的類概念〉。《臺灣產業研究》，3：11—45。

江中明，1988 年 08 月 02 日，〈搶救「永遠的迪化街」-- 人文背景 它是一部台灣史的縮影〉。《聯合報》，05 版／文化‧藝術。

江明珊，2018，〈當代國家博物館作為文化治理與後博物館的接觸地帶：以國立臺灣歷史博物館為例〉。《博物館學季刊》，32(2): 37-59。

吳光庭，2012，〈都市文化遺產保存與地區再生的對話〉。《博物館學季刊》，26（1）：7—17。

吳密察、陳順昌，1984，《迪化街傳奇》。臺北：時報。

吳燕秋等，2015，《台灣女人記事——生活篇》，台南：國立臺灣歷史博物館。

吳聰敏，1999，1895 年前後台灣的產出、工資率與物價，未刊行手稿，http://homepage.ntu.edu.tw/~ntut019/ltes/wp1895.pdf。

宋光宇，1988 年 08 月 06 日，〈搶救「永遠的迪化街」專題之六 霞海城隍篇，商教合一的祭典盛會〉。《聯合報》，05 版 / 文化‧藝術。

李乾朗，1988 年 08 月 03 日。〈搶救「永遠的迪化街」專題之三 巴洛克，重新凝視你的美！〉。《聯合報》，08 版 / 文化‧藝術‧萬象。

並木誠士、中川理，蔡世蓉中譯，2008，《美術館的可能性》，臺北：典藏。

卓亞雄，1988 年 08 月 08 日，〈搶救「永遠的迪化街」專題之八 一人文重建篇，五百年後再看迪化街〉。《聯合報》，05 版 / 文化‧藝術。

周泓欣，2013，《近代台北地區的婦女活動空間及其影響 - 以黃啒娘、莊斗娘、張聰明為例》，淡江大學歷史學系碩士在職專班碩士論文。

周恆和，1988 年 08 月 19 日，〈不要專挑 ' 軟柿子 ' 吃！做個 ' 強勢市長 ' 要勇於面對敏感難題〉。《聯合晚報》，09 版 / 北台灣。

林文一，2015，〈文化創意導向都市再生、「新」都市治理的

實踐及缺憾：以迪化街區為例〉。《都市與計劃》，42（4）：
423—454。

林玉茹，1996，《清代臺灣港口的空間結構》。臺北：知書房。

林宜萱，2013，《打造創意街區／文化導向的都市再生？－以迪化街的都市再生前進基地為例》。臺北大學都市計劃研究所碩士論文。

林宜瑩，2014 年 10 月 27 日 -11 月 02 日，〈「性平先趨 女學堂130 年」〉，《臺灣教會公報》，3270 期。

林美姿，1988 年 12 月 29 日，〈南北貨忘不了迪化街 突破傳統經營方式 老字號辦商展促銷〉。《聯合晚報》，08 版／生活。

邱誌勇、劉柏君、廖淑雯，2004，〈自滿的狂歡與虛幻及其之後：論臺灣文化產業〉。《當代》，200：116—123。

林崇傑，2008，〈台灣運用容積移轉於歷史保存之政策與實踐之檢討〉。《文資學報》，4，27-92。

林衡道，1994，〈大稻埕南北貨座談會紀錄〉。《臺北文獻》直字 110：1—10。

邱立安，2015，《臺北 URS 都市再生前進基地策略、機制與執行政策之探討》。中國文化大學建築及都市設計學系碩士論文。

邱淑宜，2014，〈臺北市迪化街 URS 之藝術和創意轉型：誰的文化？誰的城市？〉。《藝術教育研究》，28：65—95。

―――，2016，〈城市創意修補及文創工作者的困境—以臺北市為例〉。《都市與計劃》，43（1）：1—29。

邱淑宜、林文一，2014，〈建構創意城市：臺北市在政策論述上的迷思與限制〉。《地理學報》，72：57—84。

柯惠晴，2013，《都市文化空間政策：臺北市都市再生引發的另一種藝術介入形式》。國立臺灣藝術大學藝術管理與文化政策研究所碩士論文。

洪淑惠，1988年08月15日，〈拆掉迪化街？言重了！市府早已擬具‘特定專用區計畫’ 重建歷史名街風貌將取決民意〉。《聯合晚報》，09版／北台灣。

紀登斯，趙旭東、方文中譯，2005，《現代性與自我認同》。臺北：左岸文化。

秦慧萍，2014，《都市再生前進基地對社區認同感影響之研究》。中國文化大學建築及都市設計學系碩士在職專班碩士論文。

馬以工，1988，《尋找老台灣》，台北：時報。

馬偕，林晚生中譯，2007，《福爾摩沙記事》，台北：前衛。

高如萱，2012，《臺灣地區文化帶動區域再生之研究－以「都市再生前進基地」進駐大稻埕為例》。國立臺南藝術大學博物館學與古物維護研究所碩士論文。

高彥頤，1995，〈「空間」與「家」 — 一論明末清初婦女的生活空間〉。《近代中國婦女史研究》，（3）：21-50。

張育銓，2010，〈文化創意產業與文化觀光的關連性探討〉。《區域與社會發展研究》，1：249—265。

張淑雯，2007，《日治時期臺灣解纏足運動之研究》，雲林科技

大學文化資產維護研究所碩士論文。

許佩賢，2015，《殖民地台灣近代教育的鏡像——1930年代台灣的教育與社會》，台北：衛城出版。

許惠雯，2013，《從都市再生看老舊空間再利用－以 URS21 為例》。元智大學藝術與設計學系藝術管理碩士班學位論文。

許陽明，2009，《媽媽的乳房：許族女士的人生歲月及家族記事》，台北：圓神。

陳介英，2010，〈臺灣文化創意產業政策的文化基礎探討〉。《勤益人文社會學刊》，1：69—85。

陳正祥，1997，《台北市誌》，台北：南天。

陳佳利，2004，〈社區博物館運動：全球化的觀點〉。《博物館學季刊》，18(4): 43-57。

陳東原，1928／1937，《中國婦女生活史》，中國上海：商務印書館。

陳長華，1988年08月01日，〈專題企業報導 -- 現場目擊篇 搶救永遠的迪化街〉。《聯合報》，05版／文化 ‧ 藝術。

陳長華、王維真，1988年08月04日，〈搶救「永遠的迪化街」之四 人文經濟篇，綿亙不絕的傳統經濟博覽會〉。《聯合報》，05版／文化 ‧ 藝術。

陳長華、張必瑜、王維真、張伯順，1988年08月05日，〈搶救「永遠的迪化街」專題之五 曲樂藝文 演不盡千般風華韻致〉。《聯合報》，05版／文化 ‧ 藝術。

陳長華、張伯順，1988 年 08 月 07 日，〈搶救「永遠的迪化街」專題之七——他山之石篇，護古維新之道 看歐美日〉。《聯合報》，05 版 / 文化 · 藝術 · 萬象。

陳惠雯，1999，《大稻埕查某人地圖：大稻埕婦女的活動空間 / 近百年來的變遷》，台北：博揚文化。

曾旭正，1997，《臺北今暝有點 High》。臺北：新新聞出版社。

湯舒婷，2012，《通往創意城市的閒置空間再利用－以中山創意基地 URS21 為例》。國立新竹教育大學美勞教育學系碩士班碩士論文。

馮久玲，2002，《文化是好生意》。臺北：臉譜。

楊鈞文，2016，《歷史街區街道景觀之設計準則研擬 — 以大稻埕歷史風貌特定專用區為例》。中原大學景觀學系碩士學位論文。

楊翠，1993，《日據時期台灣婦女解放運動——以《臺灣民報》為分析場域 (1920-1932)》，台北：時報。

經濟日報，1988 年 06 月 19 日，〈豪雨使生意大受影響 迪化街端節「歉收」〉。《經濟日報》，10 版 / 商業 2。

———，1988 年 07 月 06 日，〈南北貨交易清淡 迪化街車馬稀〉。《經濟日報》，16 版 / 商業 2。

———，1988 年 11 月 07 日，〈週日迪化街「加班」當心南北貨「漲價」〉。《經濟日報》，16 版 / 商業 2。

———，1988 年 12 月 30 日，〈價格低落 . 布市冷清 迪化街麻將聲處處聞〉。《經濟日報》，07 版 / 商業 2。

廖家顯，1996，《迪化街租隙之研究》。中興大學都市計劃研究所碩士論文。

趙仁志、許國威，2015，〈臺北市都市再生前進基地效益評估架構之研究〉。《設計與環境》，16：111—126。

劉曉蓉，2005，《文化產業發展成創意產業之策略研究—以交趾陶為例》。中山大學公共事務管理研究所碩士論文。

蔣中正，1953，《民生主義育樂兩篇補述》。臺北市：中央文物供應社。

廖世璋，2014，〈後博物館的地方實踐：寶藏巖〉。《博物館學季刊》，28(1): 35-71。

———，2016，〈後博物館概念的都市藝術策展：以基隆黃色小鴨為例〉。《博物館學季刊》，30(4):73-97。

臺北市政府，2018，《修訂臺北市大同區大稻埕歷史風貌特定專用區細部計畫案》。臺北：臺北市政府。

臺灣日日新報，1905 年 07 月 26 日，〈盼望修路〉。《臺灣日日新報》，雜報 04。

———，1905 年 08 月 31 日，〈臺北公學校豫備教授〉。《臺灣日日新報》，雜報 04。

———，1905 年 09 月 26 日，〈落葉繽紛／捻奴／白玩／燈花／頑固／大逆〉。《臺灣日日新報》，雜報 05。

———，1906 年 04 月 17 日，〈製茶職工渡臺〉。《臺灣日日新報》，雜報 08。

———，1906 年 06 月 07 日，〈當頭一捧〉。《臺灣日日新報》，雜報 05。

———，1906 年 08 月 04 日，〈稻江花片〉。《臺灣日日新報》，雜報 05。

———，1919 年 06 月 17 日，〈稻江揀茶行〉。《臺灣日日新報》，藝苑 01。

———，1922 年 03 月 20 日，〈臺灣の藝者　藝姐　其の生活と情調　一樓一妓の主義／藝姐の境遇〉。《臺灣日日新報》，05。

臺灣經濟研究院，2003，《文化創意產業產值調查與推估研究報告》。臺北：文建會。

潘秉新，1988 年 08 月 15 日，〈拓寬迪化街 兩種聲音交織 市府有意'留下歷史' 大多居民'渴望現代'〉。《聯合晚報》，11 版／生活。

———，1988 年 08 月 17 日，〈迪化街 揚'黃'塵 老房子張豔幟 名街古風變'色'〉。《聯合晚報》，09 版。

———，1988 年 08 月 21 日，〈迪化街要拆？老外感慨 高懿德和馬琳 都說可惜〉。聯合晚報／11 版／生活。

鄭美惠編，2006，《藍衫與女紅：客家女子的衣飾美學》，新竹市：臺灣客家文化中心籌備處。

聯合報，1988，〈社論：從迪化街更新談古蹟維護與現代建設〉。1988-08-14／聯合報／02 版／國內要聞。

———，1988 年 08 月 02 日，〈關心迪化街 · 檢視迪化街 聽聽學人怎麼說 古街拆否 兼顧歷史與民意 活的規劃最重要〉。《聯合報》，05 版 / 文化 · 藝術。

———，1988 年 08 月 05 日，〈迪化街，你不要走…臺北怎能沒有人文特色！〉。《聯合報》，05 版 / 文化 · 藝術。

———，1988 年 08 月 17 日，〈迪化街永遠在臺北 吳伯雄絕不容許被日本人買去〉。《聯合報》，05 版。

臨時臺灣舊慣調查會，1905，《調查經濟資料報告》（臨時臺灣舊慣調查會第二部），上下 兩冊。

顏亮一，2006，〈市民認同、地區發展與都市保存：迪化街個案分析〉。《都市與計劃》，33（2）：93—109。

蘇青嵐，1994，〈大稻埕南北貨座談會記錄〉，收錄於卞鳳奎記錄。《臺北文獻》。110：1—10。

Duncan, Carol. 1995，Civilizing Rituals: Inside the Public Art Museums, London: Routledge. 王雅各中譯，1998，《文明化的儀式：公共美術館之內》，臺北：遠流。

Foucault, Michel. 1984/ 1997. "Of Other Spaces: Utopias and Heterotopias". Rethinking Architecture: A Reader in Cultural Theory. Edited by Neil Leach. NYC: Routledge. 1997. pp.330-336

Bennett, Tony. 1995. The Birth of the Museum, London:

Routledge.

Bianchini, Franco; Parkinson, Michael (eds.). 1993. Cultural policy and urban generation: The West European experience. Manchester and New York: Manchester University Press.

Duclos, R., 1994. Postmodern/Postmuseum: New directions in contemporary museological critique. Museological Review, 1(1):1-13.

Fraser, Nancy, 1990. Rethinking the Public Sphere: A Contribution to the Critique of Actually Existing Democracy. Social Text, No. 25/26, pp. 56-80.

Garcia, Beatriz, 2004. Cultural Policy and Urban Regeneration in Western European Cities: Lessons from Experience, Prospects for The Future. Local Economy. 19(4):312—326.

Hall, Peter. S. 2000. Creative Cities and Economic Development. Urban Studies. 37(4):639—649.

Hooper-Greenhill, 1992. Museums and the Interpretation of Visual Culture. London:Routledge.

--------,2000. Museums and the Interpretation of Visual Culture (Museum Meanings). London:Routledge.

Huyssen, Andreas. 1995, Twilight Memories: Marking Time in a Culture of Amnesia, London: Routledge.

Ko, 1994. Teachers of the Inner Chambers: Women and Culture

in Seventeenth-Century China. California:Stanford University Press.

Landry, Charles. 2000. The Creative City: A Toolkit for Urban Innovators. London, UK: Earthscan.

Lord, Beth, 2006, Foucault's museum: difference, representation, and genealogy, museum and society, March 2006. 4 (1) 11-14.

Lysgård, Hans Kjetil. 2012. Creativity, Culture and Urban Strategies: A Fallacy in Cultural Urban Strategies. European Planning Studies. 20 (8): 1281—1820.

McDowell, Linda. 1983. Towards an understanding of the gender division of urban space. Environment and Planning D: Society and Space, 1, 59—72.

MacDonald, Sharon, 2006, Expanding Museum Studies: An Introduction, in Sharon MacDonald ed. A Companion to Museum Studies, Ch.1, pp. 1-12. Oxford: Blackwell Publishing.

Mancino, Susan. 2015, Review of Communication Vol. 15, No. 3, July 2015, pp. 258—273.

Miles, Steve and Paddison, Ronan. 2005. Introduction: The Rise and Rise Of Culture—Led Urban Regeneration. Urban Studies. 42 (5/6): 833—839.

Nelson, Lise and Seager, Joni eds. 2005. A Companion to

我城故事：大稻埕街區生活書寫

Feminist Geography, London: Blackwell Publishing.

Pratt, Allen. 2010. Creative Cities: Tensions within and between Social, Cultural and Economic Development: A Critical Reading of the UK Experience. City. Culture and Society.1: 13—20.

Peck, Jamie. 2007. The creativity fix, Eurozine, http://www. eurozine.com/pdf/2007—06—28—peck—en.pdf.

Research Centre for Museums and Galleries, 2002, A Catalyst for Change: The Social Impact of the Open Museum, London: Heritage Lottery Fund.

Richards, Greg. 2010. Eventful Cities. London: Routledge.

Sassen, Saskia.1991. The Global City: New York, London and Tokyo. Princeton. NJ: Princeton University Press.

--------, 2000. Cities in a World Economy, 2nd ed. Thousand Oaks: Pine Forge Press.

Schenkel, Walter. 2015. Regeneration Strategies in Shrinking Urban Neighbourhoods— Dimensions of Interventions in Theory and Practice. European Planning Studies. 23 (1): 69—86.

Scott, Allen J. 2000. The Cultural Economy of Cities: Essays on the Geography of Image—Producing Industries. London: Sage.

Spivak, Gayatri, 1988. Can the subaltern speak? Cary Nelson

and Lawrence Grossberg eds. Marxism and the Interpretation of Culture. pp.271-313. London: Macmillan.

Williams, Raymond. 1977. Marxism and Literature. London and New York: Oxford University Press.

Urry, John. 1981, "Localities, regions and social class", in International Journal of Urban and Regional Research, 5(4): 455-473.

Zukin, Sharon. 1995. The Cultures of Cities. Oxford: Blackwell.

-------, 2010. Naked city: The death and life of authentic urban places. New York, NY: Oxford University Press.

參考文獻

.

緣社會 026

我城故事：大稻埕街區生活書寫

作　　者：殷寶寧

封面插畫：金芸萱
封面設計：Benben
美術設計：黃薇宣
章節圖插畫：孫仁鍵

執行編輯：錢怡廷
發行人兼總編輯：廖之韻
創意總監：劉定綱
法律顧問：林傳哲律師 / 昱昌律師事務所

出　　版：奇異果文創事業有限公司
地　　址：臺北市大安區羅斯福路三段 193 號 7 樓
電　　話：(02)23684068
傳　　真：(02)23685303
網　　址：https://www.facebook.com/kiwifruitstudio
電子信箱：yun2305@ms61.hinet.net

總 經 銷：紅螞蟻圖書有限公司
地　　址：臺北市內湖區舊宗路二段 121 巷 19 號
電　　話：(02)27953656
傳　　真：(02)27954100
網　　址：http://www.e-redant.com

印　　刷：永光彩色印刷股份有限公司
地　　址：新北市中和區建三路 9 號
電　　話：(02)22237072

初版：2021 年 4 月 16 日
ISBN：9789860604733
定價：新臺幣 400 元整

國家圖書館出版品預行編目 (CIP) 資料

我城故事 / 殷寶寧著 . -- 初版 . -- 臺北市 : 奇異
果文創事業有限公司 , 2021.04
　面；　　公分 . -- (緣社會 ; 26)
ISBN 978-986-06047-3-3(平裝)

1. 人文地理 2. 臺北市大同區

733.9/101.9/105.4　　　　　110004026